SELF DEVELOPMENT

자기 개발 능력

한상희 허현자
정은희 윤성은 공저

YANGSEOWON
양서원

PREFACE

| 머리말 |

오늘날의 세계는 급변하는 세상에 따라 불확실성의 시대라고 할 수 있다. 무한한 정보기술의 발전 속에서 대학생이 되어 누리는 기쁨도 잠시, 진로와 취업준비에 대한 소리 없는 압박 상황을 느끼게 된다. 이러한 환경 속에서 개인적인 혹은 직업적인 삶에서 안정을 유지하기란 쉽지 않다. 이에 앞으로는 급속한 변화 속도에 대처하고 적응할 수 있는 것이 중요한 과업이 되었다.

최근 기업들은 국내외 노동시장의 직무능력에 적합한 인재를 찾기 위해 다양한 채용 프로세스를 활용하고 있다. '직무능력'에서는 업무적인 역량 외에도 직업인으로서 공통적으로 갖춰야 할 '직업기초능력'도 포함된다. 그러므로 진로와 취업시장으로의 진입을 앞두고 있는 대학생들은 자신이 기업과 노동시장에서 요구하는 직무능력을 알고 단계적으로 준비해 나가야 한다.

청년실업률이 높아짐에 따라 이를 해결하기 위한 국가적, 사회적 책임이 중요한 가운데 대학교육을 둘러싼 환경도 빠르게 변화하고 있다. 대학생들의 고용경쟁력과 성공적인 사회진출을 위해 진로개발에 대한 대학의 역할과 책임이 중요하기 때문이다. 각 대학에서는 취업과 진로, 경력개발 등에 대한 교과과정을 통해 학생들의 진로설정과 자기개발을 적극적으로 돕고 있다. 이 교재의 저자들은 사회와 기업에서 요구하는 현실적인 자기개발능력에 맞춰 대학생들이 자신을 이해하고 발전시켜 나갈 수 있도록 하는데 중점을 두고 교재를 마련하고자 하였다.

이 책의 전반적인 구성을 살펴보면 다음과 같다. 성공적인 대학생활을 주도적으로 이끌어가기 위해 '자기개발능력'을 높이도록 목표를 구성하였다. '자기개발능력'이라 함은 업무를 추진하는 데 스스로를 관리하고 개발하는 능력을 의미하고, 하위요소로는 자아인식능력, 자기관리능력, 경력개발능력로 구성되었다.

1부 '긍정심성과 자기개발'에서는 대학생으로써 자신의 긍정적 성품을 함양하여 현재의 행복감을 높일 수 있도록 하였다. 자신에게 내재되어 있는 긍정적 심리자원을 최대한 활용하여 현대사회에서 요구하는 직업인의 인성과 목표를 성취하는 데 도움을 줄 것으로 기대된다.

2부 '자아인식능력'에서는 자신의 흥미, 적성 등의 특성을 이해하고 자아정체감을 확고히 하도록 하였다. 특히 강점을 활용하여 내면의 성장을 중심으로 하되 자기브랜딩을 정리할 수 있다. 이로써 자신을 PR해 가는 방법도 능동적으로 개발해 갈 수 있도록 하였다.

3부 '자기관리능력'에서는 자신의 시간관리를 점검하고 대학생활에서 중요한 것을 먼저 해 나가는 데 중점이 있다. 크게는 자신의 비전을 세우고, 원하는 과제를 성취하여 결과를 스스로 체크하며 셀프 리더십을 높일 것으로 기대한다. 체계적으로 자신을 관리하는 방법을 함양할 것이다.

4부 '경력개발능력'에서는 외부의 정보를 수집하여 합리적인 의사결정을 원활히 처리할 수 있도록 한다. 자신의 진로방향에 대하여 단계적 목표를 설정하고 목표 성취에 필요한 역량을 개발해 나가도록 구성하였다. 이에 따라 자신의 경력단계를 확인하고 이에 따른 경력개발 계획을 수립할 수 있는 능력을 개발할 것으로 기대된다.

이 책은 자신에 대한 긍정성과 행복감을 높이고, 이러한 긍정심리자본을 바탕으로 자기를 바르게 세워가는 데 목표를 두고 있다. '바르게 세워간다'라고 하는 것은 자신의 현재모습과 상황을 이해하는 것이다. 나아가 능력에 맞는 진로목표를 설정하고 실천해 나가는 행동을 하는 것이다. 이 책이 진로설정과 취업준비를 하고 있는 학생과 취업준비생에게 직업적 목표를 구체적으로 설계하고 확인해 가며, 자기개발능력을 키워가는 데 기초 서적이 될 수 있기를 소망한다. 아울러 이 책의 출판을 맡아주신 양서원 박철용 회장님과 여러 면에서 많은 도움을 주신 직원분들께 진심을 담아 거듭 감사드린다.

2024년 1월

저자 일동

CONTENTS

3부 자기관리 능력

4부

경력개발 능력

강의계획안

차시	하위 능력	수업내용	비고
1주	강의소개 및 긍정심리학의 이해	• 교과운영 오리엔테이션 • 학습목표 : 자기개발능력 교과목의 수업방법을 이해하고, 수업환경을 조성한다. • 학습내용 : 긍정심리학의 이해	강의 및 활동
2주	긍정심성의 훈련	• 학습목표 : 긍정심성훈련을 위한 5가지 방법을 자신에게 적용시켜 볼 수 있다. • 학습내용 : 긍정심성의 훈련	강의 및 활동
3주	자기개발능력	• 학습목표 : 현대사회에서 필요한 자기개발의 중요성에 대해 설명할 수 있다. • 학습내용 : 자기개발의 의미와 특징	강의 및 활동
4주	자아인식	• 학습목표 : 자아개념과 자아인식의 방법을 이해할 수 있다. • 학습내용 : 자아의 개념, 자아인식의 방법	강의 및 활동
5주	검사도구를 통한 자아인식	• 학습목표 : MBTI와 홀랜드 검사를 통해 자신의 성격과 흥미의 특성을 이해할 수 있다. • 학습내용 : 성격과 흥미의 이해	강의 및 활동
6주	강점을 활용한 자아인식	• 학습목표 : 강점의 개념을 이해하고, 자신의 강점을 파악하여 활용할 수 있다. • 학습내용 : 6가지 미덕과 24가지 강점	강의 및 활동
7주	자기 브랜드화	• 학습목표 : 자기 PR의 개념을 알고, 퍼스널 브랜딩 전략을 수립할 수 있다. • 학습내용 : 자기 PR의 중요성, 퍼스널 브랜딩	강의 및 활동
8주	중간고사	중간고사	
9주	자기관리	• 학습목표 : 자기관리의 개념과 방법에 이해하고, 자신의 시간관리를 점검 및 계획할 수 있다. • 학습내용 : 자기관리 개념과 중요성, 자기관리단계	강의 및 활동
10주	직업탐색	• 학습목표 : 직무의 개념을 이해하고, 자신이 원하는 직업 탐색을 할 수 있다. • 학습내용 : 직무, 직무역량, 직업의 환경	강의 및 활동

차시	하위 능력	수업내용	비고
11주	자신의 생산성 관리	• 학습목표 : 자신이 맡고 있는 역할과 수행성과의 중요성을 학습하고 행동전략을 향상시킬 수 있다. • 학습내용 : 업무수행성과, 셀프 리더십	강의 및 활동
12주	합리적 의사결정	• 학습목표 : 합리적의사결정의 개념과 과정을 알고, 합리적 의사결정을 위한 능력을 향상시킬 수 있다. • 학습내용 : 합리적의사결정과정 및 특징	강의 및 활동
13주	경력개발능력	• 학습목표 : 경력개발의 의미와 중요성을 알고 대학생의 경력개발단계를 파악할 수 있다. • 학습내용 : 경력개발, 생애주기, 경력개발단계	강의 및 활동
14주	경력개발의 실제	• 학습목표 : 대학생의 경력개발을 위해 목표를 세우고, 점검을 통해 계획을 수립할 수 있다. • 학습내용 : 경력개발 관련 이슈, 경력개발전략	강의 및 활동
15주	기말고사	기말고사	

01부

긍정심성과 자기개발

개관

자신에게 내재되어 있는 긍정적 심리자원을 활용하여 현대사회에서 요구하는 직업인의 태도와 목표 성취를 위해 스스로를 관리하고 개발하는 능력을 기른다.

학습목표

1. 긍정심리학에 대한 이론을 이해할 수 있다.
2. 긍정심리학에서의 출발원리를 알고, 긍정내면을 위한 동기를 얻을 수 있다.
3. 긍정심리학을 통해 성장의 방향을 설명할 수 있다.

제 01 장 긍정심리학

1 긍정심리학의 이해

긍정심리학(positive psychology)은 인간의 긍정적인 심리 측면을 중심으로 개인과 사회의 번영에 관심이 높다. 즉, 개인의 강점과 장점을 연구하여 인간의 행복과 성장을 지원하는 학문이다. 또한, 긍정심리학은 삶을 가치 있게 만드는 것에 대한 과학적 연구이다.(Peterson, 2008) 긍정심리학의 태동은 '몰입'의 미하이 칙센트미하이(Mihaly Csikszentmihalyi), '주관적 안녕'의 에드 디너(Ed Diner), '성격강점과 덕성'의 연구자인 크리스토퍼 피터슨(Christopher Peterson)이 기여하면서 인간이 나타낼 수 있는 최선의 기능 상태에 대해 과학적인 연구가 시작되었다.

긍정심리학이 대두되기 전에는 심리학의 주요 과제가 불안, 우울, 스트레스, 알코올중독 등의 부정적인 측면에 대한 치료에 관심을 두었다. 즉, 인간의 심리적 결함과 장애에만 편향적인 관심을 기울여 왔다는 반성 속에서 인간의 긍정적인 측면을 과학적으로 탐구하는 심리학의 새로운 분야라고 할 수 있다.

21세기로 접어들면서 행복과 웰빙이라는 주제에 대한 학문적인 접근이 본격적으로 시작되었다. 인간의 긍정적인 측면을 과학적으로 탐구하여 인간의 행복과 성장에 관심을 갖는 새로운 분야의 '긍정심리학(positive psychology)'은 1998년 미국심리학회 회장에 취임한 마틴 셀리그만(Martin Seligman)에 의해 제창되었다.

'동기'와 '학습된 무기력' 분야의 최고의 권위자였던 마틴 셀리그만은 진정한 치료는 손상된 것을 고치는 것뿐만 아니라, 자신이 가지고 있는 최선의 가능성을 끌어내야 한다는 심리학의 새로운 방향과 입장을 제시하게 되었고 이러한 새로운 방향이 긍정심리학을 탄생시킨 것이다.

그렇기에 긍정심리학은 인간이 주관적으로 경험하는 다양한 긍정적 심리상태, 개인이 가지고 있는 긍정적 성격특성과 행동양식을 연구한다. 또한, 인간이 속한 조직 구성원의 행복과 자기실현을 지원하는 긍정적 제도와 기관도 긍정심리학의 기둥이 된다.

긍정심리학은 행복공식을 제안하면서 영속적인 행복의 수준(H)과 이미 설정된 행복의 범위(S), 삶의 상황과 여건(C), 그리고 개인의 자발적인 선택과 활동(V)으로 'H=S+C+V'의 공식을 만들어 내었다. 여기에서 S(Setpoint)는 이미 태어나면서부터 가지고 있는 유전적 부분이며, C(Conditions)는 선택된 상황과 여건으로 성장환경, 돈이나 결혼, 나이, 건강, 교육경험, 날씨, 사회생활, 문화적 상황, 부정적 정서, 인종, 종교 등과 같은 외적 환경을 말한다. 선천적 요인인 S와는 달리 V(Voluntarily)는 개인이 자발적으로 통제할 수 있는 부분으로 현재의 행복에 대한 스스로의 생각, 과거의 만족도, 미래에 대한 낙관주의로 마음먹기에 따라 얼마든지 변화가 가능한 부분으로 스스로 결정하고 실천하려는 마음이 중요하다.

의지적 행위와 선택은 개인의 행동과 심리적 요인에 대한 새로운 인식을 제시하면서 긍정적 심리상태, 긍정적 개인 특질, 긍정적 조직 등에 관심을 갖게 되었다. 긍정심리학에서 관심을 갖고 있는 긍정적 심리상태, 긍정적 개인 특질, 긍정적 조직의 개념은 IMF 이후 기업의 경쟁우위와 지속 성장을 위해 하나의 자본으로 확장되었다.

긍정심리자본은 도전적인 과업을 성공하게 하는 자기효능감, 현재와 미래의 성공에 대한 낙관성, 목표를 향한 희망, 좌절로부터 이겨낼 수 있는 회복력을 자본으로 보고 있다. 이러한 긍정심리자본은 개발과 개선이 가능한 상태적 특성으로 변화하는 사회 및 환경에 부합하는 행동특성을 육성시킬 수 있다. 긍정심리자본은 일이나 삶에서 사람들로 하여금 자신들의 잠재력을 발휘하게 하여 더 풍요로운 삶을 살아갈 수 있게 하는 중요한 역할을 수행한다.

1) 긍정심리학이 제시하는 기본적인 물음

긍정심리학은 인간의 심리적 현상을 질병모델로만 접근하는 것을 경계하며, '좋은 삶이란 무엇인지'에 대해 과학적으로 연구하는 학문이다. 긍정심리학의 연구주제로는 인간이 주관적으로 경험하는 다양한 긍정적 심리상태(positive states)와 개인이 지니고 있는 긍정적인 특질(positive traits), 더 나아가 구성원의 행복과 자기실현을 지원하는 긍정적인 기관(positive institutions)에 관심을 갖게 되면서 다음의 질문을 우리들에게 던지고 있다.

첫째, '잘 산다는 것'은 무엇을 의미하는가?

둘째, 행복한 삶이란 어떤 것인가?

셋째, 행복에 영향을 미치는 요인은 무엇이며 어떤 심리적 과정을 통해서 행복감을 느끼는가?

넷째, 행복을 증진시키기 위해서는 어떻게 해야 하는가?

다섯째, 인간의 긍정적 성품과 덕성에는 어떤 것들이 있는가?

여섯째, 지독한 고난과 난관을 극복하게 만드는 인간의 특성은 무엇인가?

일곱째, 뛰어난 성취를 이루거나 성숙한 인격을 지닌 사람들은 어떤 상황에서 자신의 긍정적 성품과 능력을 가장 잘 발현하는가?

여덟째, 긍정적 성품과 덕목을 함양하기 위해서는 어떻게 해야 하는가?

아홉째, 정신장애를 좀 더 온전하게 치료하고 예방하기 위해서는 어떻게 해야 하는가?

열째, 학교나 기업체는 구성원들이 좀 더 행복하고 각자의 강점과 미덕을 더 잘 발휘하도록 어떻게 도울 수 있는가?

2) 긍정심리학이 제시하는 출발원리

긍정심리학은 기본적으로 인간의 근본적인 동기, 긍정정서와 부정정서의 관계, 긍정정서의 다양성, 부정정서에 대한 입장, 행복관에 대해 다음과 같이 설명하고 있다.

첫 째, **인간의 기본적인 동기** : 인간은 누구나 편안하고 즐거우며 만족스러운 삶과 긍정적 정서를 지향하는 반면, 불편하고 불쾌한 부정정서는 피하려는 욕구를 가지고 있으나 인간이 불행해지는 이유는 동기를 효과적으로 추구하지 못하거나 잘못된 방법을 추구하기 때문이라고 본다. 따라서 행복한 삶을 위해서는 적절한 목표와 목표를 효과적으로 성취할 수 있어야 한다.

둘 째, **긍정정서와 부정정서의 관계** : 긍정정서와 부정정서의 관계는 서로 독립적이다. 부정적 정서를 제거함으로써 긍정적 정서가 증가하는 것이 아니라 부정적 정서의 제거로 얻게 되는 것은 중립적인 정서로 비관주의를 약화시키면 부정정서는 감소하지만 긍정정서가 증가되는 것은 아니기 때문이다.

셋 째, **긍정정서의 다양성** : 인간이 경험하는 긍정정서의 다양성을 인정한다. 사람의 기분을 일시적으로 좋게 하는 쾌락을 지향하기보다 추구하는 목표달성, 기대의 충족, 뜻밖의 심리적 체험들은 그 자체로 성취감과 생동감을 주게 되는데 이는 자신이 갖고 있는 잠재력을 확장시켜 창조성을 향상하기에 쾌락과 더불어 성장과 생산을 촉진하는 즐거움의 경험이 긍정심리학의 중요한 과제이다.

넷 째, **부정정서에 대한 입장** : 부정정서에 대해 긍정심리학자들은 부인하지 않으며 제거하거나 개선하기 위한 노력도 부정하지 않는다. 삶에는 부정적인 측면과 긍정적인 측면이 교차하게 되고 이러한 경험은 인생의 의미와 교훈을 얻을 수 있기 때문이다. 디너(Diner)에 의하면 행복한 사람과 불행한 사람을 비교한 결과 행복한 사람이 학교나 직장에서 더 우수한 성취를 나타냈고, 타인과의 관계에서 더 좋은 관계를 형성하였으며, 평균 수명도

길었다.

다섯째, 긍정심리학의 행복관 : 긍정심리학에서 행복한 삶이란 과거, 현재, 미래에 대해 긍정적인 감정을 느끼며 살아가는 즐거운 삶(pleasnat life)과 자신의 삶에 열정적으로 참여하고 몰입하는 적극적인 삶(engaged life), 삶 속에서 소중한 의미(meaningful life)를 발견하면서 개인은 타인과 사회에 기여할 때 행복이 증진된다고 본다.

2 긍정심리학을 통한 성장의 방향

긍정심리학은 개인, 사회, 조직과의 밀접한 관계를 중시한다. 즐거운 기분을 느끼면서 자신의 일에 열정적으로 몰입하는 긍정적 경험과 태도는 개인의 삶에서 소중한 의미를 부여하는 동기를 마련하게 한다. 이는 개인을 넘어서 타인과 사회의 번영에 이바지하는 웰빙(well-being)을 생산하게 한다.

1) 심리자본의 향상

긍정적 사고를 가진 사람은 문제 상황에 직면했을 때 비관하지 않고 그 상황에 대해 '그렇다'고 인정하는 것, '잘 될 수 있다'는 믿음으로 다양한 관점과 시각으로 문제를 바라본다. 이러한 긍정적 사고는 목표달성에 있어서 어려움을 극복하게 하는 원동력과 행동동기수준을 높이고 역경에 부딪혀도 비관적인 사고일 때보다 더 오래 견디고 더 높은 수준의 성취를 이루게 된다.

긍정적 사고는 자본주의 사회에서 업무효과와 생산성에도 영향을 미치는 자본이 된다. 자본이란 산업의 발달로 인해 생겨난 개념으로 토지, 노동과 더불어 생산의 3요소 중 하나로 재화나 서비스를 생산하는 과정에서 투입되는 자원을 말한다. 현대에

와서는 전통적 자본 외에 지식, 정보, 기술이 생산의 4요소로 꼽히고 있다. 즉 인재들의 경험과 지식, 기술과 아이디어(인적자본)가 중요한 자본으로 자리 잡고 있는데 긍정심리자본은 이보다 한 단계 더 확장된 개념으로 소유하고 있는 것, 알고 있는 것, 알고 있는 것을 넘어 개인이 실현할 수 있는 최대한의 잠재력을 의미한다.

이러한 심리적 자본은 Hope(비전을 공유하는 희망), Resilience(실패를 뛰어넘는 회복력), Efficacy(목표를 높이는 효능감), Optimism(최선을 다한 낙관주의) 등과 같은 개인의 심리적 강점을 바탕으로 목표를 달성하고 성과를 향상시킬 수 있는 긍정적 심리상태(state)로 인간이 스스로 계발하고 만들어 낼 수 있는 힘을 갖게 한다.

2) 올바른 사고습관의 형성

긍정적 사고는 우리의 일상적인 생활에서 습관으로 나타난다. 이반 파블로프가 오랜 기간 동안 개에게 먹이를 줄 때마다 종소리를 들려주고 나서 먹이를 주자, 나중에는 먹이를 주지 않고 종소리만 울려도 마치 먹이를 주는 것처럼 침을 흘리는 것을 알아내었다. 이것이 바로 상황에 따른 습관인데 '종소리=먹이'라고 뇌가 기억하기 때문이다.

이와 같은 원리로 우리가 무엇인가 목표를 성취하고자 한다면 성취하고자 하는 긍정적 이미지를 우리의 뇌에 기억시켜 뇌가 그것을 익숙하게 하도록 해야 한다. 무엇인가 성취하기 위해서는 성취했을 때의 모습을 미리 그려보는 것이 중요하다. 우리의 뇌는 긍정적인 생각과 부정적인 생각들로 둘러싸여 있으나 그것이 우리에게 유익한지 유익하지 않은지에 대한 판단은 하지 않는다. 우리의 뇌는 이와 같이 자신에게 이로운 것을 선택하는 것이 아니라, 삶의 경험에서 얻어지는 익숙한 것을 지키려는 원리를 따르게 되는데 감정과 사고도 이러한 원리를 따르게 된다.

즉, 긍정적 사고방식은 부정적인 측면을 부정하고 현실을 무시하는 것이 아니라 일상적인 상황 속에서도 습관적으로 긍정적인 면을 찾고자 노력하는 것이다. 다만 긍정적인 생각은 긍정적인 에너지를 부정적인 사고는 부정적인 에너지를 끌어당길 뿐이다. 끌어당김의 법칙은 우리가 원하고 생각하는 것에 집중하면 우리가 생각하는 것을 그대로 되돌려 주는 것으로 우리가 원하는 것이 긍정적인 것이든 부정적인 것이든 상관하지 않고 우리의 생각에 응답할 뿐이다.

우리가 만일 긍정적 사고보다 부정적 사고에 익숙해 있다면 머릿속에 있는 부정적인 사고의 습관을 점검할 필요가 있다. 과거 서커스단에서는 코끼리를 길들이기 위해 어린 코끼리의 다리를 쇠사슬로 꽁꽁 묶어 놓았다. 어린 코끼리는 온 힘을 다해 도망치려 했지만 힘이 약해 도망갈 수가 없다. 어른이 된 코끼리는 쇠사슬을 끊을 힘이 있지만 도망갈 시도를 하지 않는다. 학습된 무기력 때문이다. 즉, '나는 할 수 없어'라는 생각에 사로잡혀 아무런 행동을 취하지 않게 된다. 우리는 나도 모르게 습관이 되어 있는 부정적인 사고에 대해 확인하고, 그러한 사고가 적절한지에 대해 객관적으로 검토하고 수정할 수 있어야 한다.

따라서 이미 목표를 달성한 것처럼 하루 일과를 시작하기 전, 혹은 중요한 일에 참여하기 전에 반드시 성취되었을 때의 이미지를 의식적으로 머릿속에 그려 넣는 작업이 필요하다. 긍정적 사고와 부정적 사고는 종이 한 장 차이라는 것을 명심하자. 부정적인 경험(학습된 무기력)을 기억하는 습관에서 벗어나 1%의 긍정적 사고의 경험을 습관적으로 기억하게 하여 원하는 것이 이루어질 것이라는 믿음을 확장시키는 것이 중요하다.

TIP 낙관적 사고 키우기

사건	상사가 내 보고서를 보고 다시 해 오라고 했다.
당시 생각	1. 역시 난 능력이 없어! 2. 나는 쓰레기야... 3. 아무리 해도 난 안 될 거야!!
현재의 생각 (합리적 생각)	1. 처음 쓴 보고서는 부족한 부분이 있을 거야. 2. 보완하라고 하는 것은 당연한 일이야. 3. 이것을 가지고 나라는 인간이 부족하다고 자책하면 안 되지. 4. 예전부터 가지고 있는 낮은 자존감 때문에 극단적으로 생각하고 있어.
앞으로의 자세	1. 누구나 완벽할 수 없다. 2. 어려서부터 '난 안 돼!'라는 생각에서 벗어나자. 3. 상사에게 혼나거나 인정받지 못한다고 해서 나 자신의 인격 자체를 폄하하면 안 된다.

출처: 박용철(2014). 감정은 습관이다

3) 회복탄력성의 함양

우리가 삶에서 가장 두려워하는 것은 무엇일까? 각자 생각하는 두려움은 다르겠지만, 공통적인 것은 바로 일에서, 사람관계에서 실패하고 싶지 않은 두려움일 것이다. 실패를 좋아할 사람은 아무도 없다. 그러나 실패는 두려움의 대상이자 극복의 대상이 된다. 실패에 따른 절망과 실망감에 대한 부정적인 사건들을 얼마나 신속하게 대처하느냐에 따라 우리의 삶이 달라진다. 중요한 것은 무엇을 하느냐가 아니라 어떻게 생각하느냐이다. 부정적인 사건을 지속적으로 상기하게 되면 우리의 뇌는 부정적인 자아상을 기억하게 될 것이다.

따라서 실패할 것에 대해 두려운 나머지 중요한 도전을 피하기보다는 사건에 대한 탐험가적 태도로 자신의 가치를 창출하려는 마음가짐이 중요하다. 만약 나쁜 일이 벌어지면 그 일이 '나'(이 일이 나 때문에 벌어졌는가? 아니면 외부로부터 생겨났는가?), '항상'(내게 이런 상황이 항상 벌어지는가? 아니면 일시적으로 벌어진 사건인가?), '모든 것'(이 일이 나의 다른 삶까지 영향을 미치는가? 아니면 다른 일과는 무관한가?)에서 벌어지는지를 질문해 보자.

누구나 때로는 실패를 경험한다. 그러나 실패에 따른 부정적인 사건들을 대하는 태도는 각자가 다르다. 크고 작은 실패는 또 다른 경험과 도전을 의연하게 넘어서게 하는 단단한 마음의 근육을 만들어 줄 것이다. 이것이 회복탄력성(resilience)이다. 성공적 에너지를 만들어 내는 회복탄력성은 최상의 자신을 만들어 내거나 자신에게 투자하는 것, 문제를 기회로 받아들이는 것, 삶의 균형을 찾는 것으로 내면의 성장을 통해 자기개발의 초석이 된다.

3 적용 및 실제

1) 긍정심리학의 기본 질문

√ 아래의 질문 중 1가지를 선택하여 토론하고 발표하여 보자.

'잘 산다는 것'은 무엇을 의미하는가?	
'행복한 삶'이란 어떤 것인가?	
행복을 증진하기 위해서는 어떻게 해야 하는가?	

√ 토론주제에 대한 탐색

주제를 선정하게 된 이유?	
토론 내용 결과 도출	

2) 첫 수업날의 마음가짐 다지기

오늘의 마음상태는?	
본 수업을 수강하게 된 동기?	
본 수업을 통해 얻고 싶은 것은?	
진로개발 관련하여 한 학기 동안 도전하고 싶은 목표가 있다면 무엇인가?	

제 02 장

긍정심성의 훈련

긍정심리학에서 번영(flourish)을 위해 달성되어야 할 핵심 요소로는 긍정적 정서(positive emotion), 몰입 · 흥미(interest), 의미 · 목적(purpose)이며, 추가 요소로는 회복탄력성(resilience), 자존감(self-esteem), 낙관주의(optimism), 활력(vitality), 자기결정능력(self-determination), 긍정적 관계(positive relationships)가 있다.

초기 긍정심리학의 목표는 진정한 행복(긍정적 정서: 즐거운 삶, 몰입: 몰입하는 삶, 삶의 의미: 의미 있는 삶)에 중점을 두었지만, 행복을 측정하는 기준을 명확히 설명하지 못한다는 점을 인정하게 되면서 행복에서 플로리시(flourish)로 변경되었다. 플로리시를 위한 새로운 웰빙 이론은 긍정적 정서(Positive emotion), 몰입(Engagement), 관계(Relationship), 의미(Meaning), 성취(Accomplishment)로 각 첫 글자를 따서 PERMA라고 했다. 각각의 요소들은 긍정적 기대와 믿음으로 자기개발에서 우리의 지각을 지배하게 되는 주요한 요인이다.

1 정서

긍정적 정서(positive emotion)란 유기체가 환경자극에 직면하게 될 때 자신에게 좋은 것이거나 유익한 것으로 판단되었을 때 발생하는 정서로 즐거움, 사랑, 기쁨 등을 말한다. 반대로 나쁘거나 유해하다고 느꼈을 때 발생하는 화, 혐오, 분노, 공포와 같은 정서를 부정적 정서라고 한다(교육심리학 용어사전). 긍정정서는 안전의 신호기능을 가지고 있으며 부정정서는 위험과 위협에 대응하는 적응력을 가지고 있다. 긍정정서와 부정정서는 각각 독립적으로 부정정서를 제거한다고 해서 자동적으로 긍정정서가 상승되는 것은 아니다.

코넬 대학의 아이센 교수팀은 학생들을 두 그룹(지능이나 학력의 수준이 동등한 집단)으로 나눠서 한 그룹에게는 5분 동안 재미있는 코미디 영화를 보여주었고, 다른 한 그룹에게는 별 다른 감정을 불러일으키지 않는 수학적 내용에 관한 영화를 보여주었다. 그리고 이들에게 각각의 10분을 주고 던커(Duncker)의 촛불 문제를 풀어보게 하였는데 놀랍게도 깔깔대며 코미디 영화를 본 그룹의 75%가 10분 이내 문제를 풀었지만 감정을 불러일으키지 않는 영화를 본 그룹은 20%만 문제를 풀 수 있었다. 코미디 영화를 보고 잠깐 웃었다는 사실은 긍정적 정서가 여러 가지 문제해결능력을 높일 수 있다는 것을 보여주는 한 사례이다.

긍정적 정서의 유발은 문제해결력이나 판단력을 관장하는 전두엽의 기능을 활성화시킨다. 반면, 부정적 정서는 편도체를 활성화시킨다. 이는 스스로 자신의 감정을 잘 조절해 낼 수 있는 사람이 창의적으로 문제를 해결할 수 있다는 것을 의미한다. 창의적 문제해결능력이 높은 사람은 자신의 감정과 행동을 통제할 수 있는 능력을

출처: Pink(2009).

그림 2-1 Duncker, 1945의 촛불 문제

지니고 있다. 감정 조절은 부정적인 감정을 억누르는 것만을 의미하는 것이 아니라 긍정적인 감정이 필요할 때 꺼내 쓸 수 있는 능력도 포함되는데 긍정적 정서를 자주 느끼는 사람은 당면한 문제를 긍정적으로 해석하며 역경과 스트레스를 효과적으로 대처하여 삶에 대한 유연성을 지니게 된다. 이처럼 긍정적 정서의 효과는 사고의 유연성을 높여주고, 창의성과 문제해결능력을 향상시키며, 집중력과 기억력을 증가시켜 인지능력의 전반적인 향상을 가져온다.

바바라 프레드릭슨(Barbara Fredrickson)의 확장 및 축척이론에 따르면 긍정정서 경험을 통해 확장된 개인의 인지 조망능력은 스트레스 상황에 대해 적절히 대응케 하고 삶의 여러 영역에서 개인적 자원을 구축하여 새로운 기술과 인맥, 지식 및 존재방식을 상향적으로 발전시키는 선순환을 통해 삶의 만족을 향상시킨다.

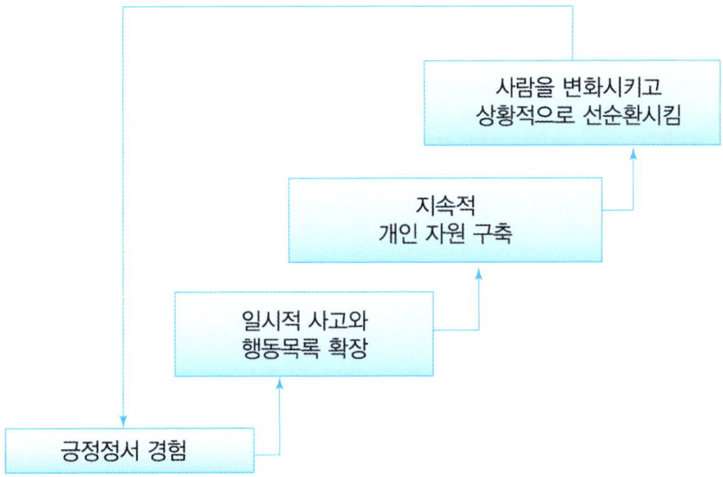

출처: 우문식 외(2015). 내 안의 긍정을 춤추게 하라.

그림 2-2 긍정정서의 확장 및 구축이론

긍정적 정서의 경험은 사고를 확장시켜 개인의 자원을 구축하여 회복력을 돕게 되는데 긍정과 부정의 비율이 3:1일 때 황금비율로 번영하는 삶을 구축하게 된다. 즉, 황금비율은 부정정서를 한 번 경험할 때마다 긍정정서를 최소한 3번 이상 의식적으로 경험하려는 노력이 필요하다. 이러한 노력은 역경을 극복하고 회복력(resilience)을 높여 절망과 위기 속에서도 문제를 해결할 수 있는 능력을 갖게 된다.

긍정적 정서가 향상되면 무엇인가 새로운 것을 찾으려는 진취성과 도전정신을 갖게 하여 성공적이고 행복한 직장생활을 하게 된다. 정서적 직무만족은 개인들이 자신의 전반적인 직무에 대해 느끼는 긍정적 정서를 의미하는 것이다. 조직 내에서도 조직구성원들이 긍정정서를 경험함으로써 업무의 효율성을 높일 수 있다. 긍정정서는 파급성이 높아 개인과 조직에서 의욕과 활기, 에너지 수준을 향상시켜 업무 수행에서 유연성과 창의성이 발휘되며 조직 구성원 간의 긍정적 대인관계를 만들어 낸다.

정서는 심리적 자본으로 은행에 예금을 한 뒤 필요할 때 꺼내 쓰는 것과 같은 효과를 갖게 한다. 정서는 과거의 긍정적 정서(만족, 성취, 자부심, 용서, 안도감, 평정 등), 현재의 긍정적 정서(즐거움, 열정, 쾌락, 몰입, 기쁨, 황홀감 등), 미래의 긍정적 정서(희망, 낙관성, 자신감, 신뢰, 신념 등)로 긍정적 정서를 확장시키기 위한 방법은 다음과 같다.

첫째, 일상생활에서 긍정의미를 찾는 것이 중요하다.

둘째, 좋은 일을 음미하라. 음미하기는 계발할 수 있는 정신적 습관으로 즐거운 일을 의도적으로 만들어서 주의를 집중하여 사건들을 고찰하는 것을 말한다.

셋째, 즐거웠던 일, 기쁘고 행복했던 일에 습관적으로 관심을 기울여라.

넷째, 친절을 베풀어라. 의도적인 친절한 행동은 긍정정서를 상승시킨다.

다섯째, 열정을 좇아라. 스스로에게 시간을 주어 완전몰입의 경험을 통해 몰아지경에 빠져들게 하라.

여섯째, 강점을 활용하라. 자신이 가장 잘하는 일을 하게 될 때 최고의 성과를 올릴 수 있다. 성과는 자신에 대한 긍정적 평가로 최상의 나를 상상하도록 돕는다. 긍정적 정서는 일시적으로 유발된 아주 작은 것이라도 사고의 유연성과 집중력, 기억력 등 인지능력을 뚜렷하게 향상시킨다.

사람들은 긍정적 정서와 행복감을 느끼게 되면 생각의 폭이 넓어지고 빨라지며 창의력과 상상력이 풍부해진다. 따라서 자신의 능력을 충분히 발휘하려면 자기 스스로 자신에게 저장되어 있는 긍정적 감정을 꺼내 사용하는 습관이 필요하다.

2 몰입

몰입이란 어떤 일에 푹 빠져 있는 상태로 시간이나 공간, 타인의 존재, 자아를 의식하지 못할 정도로 집중되어 있는 상태로 최적의 경험이라고도 부른다. 일반적으로 자기개발이 자신이 맡고 있는 업무(일)와 관련하여 능력을 향상시키는 것이라 할 때, 자신이 하고 있는 일에 빠져들 때, 자신의 역량이 극대화되며 일에 대한 만족감을 향상시킨다.

칙센트미하이(Mihaly Csikszentmihalyi)는 자기개발과 일의 효율성 및 생산성 그리고 재미와의 관계를 몰입이론으로 설명하였다. 몰입이론에서 자기개발의 역할은 업무의 효과성과 생산성을 극대화시키며, 더 나아가 일에 대한 재미를 느끼게 하는 것이다. 몰입을 경험하기란 쉽지 않지만, 과제를 해결하는 과정에서 자신의 실력을 온통 쏟아 부어 주어진 과제와 자신의 실력이 서로 조화를 이룰 때 무아지경의 상태에 이르게 된다.

직장인들이 자신의 직무와 관련하여 생산성을 향상시키기 위해서는 자신이 가지고 있는 기술 및 능력과 직무의 난이도(풀어야 할 과제의 수준)가 균형을 이룰 때 몰입을 경험할 수 있다.

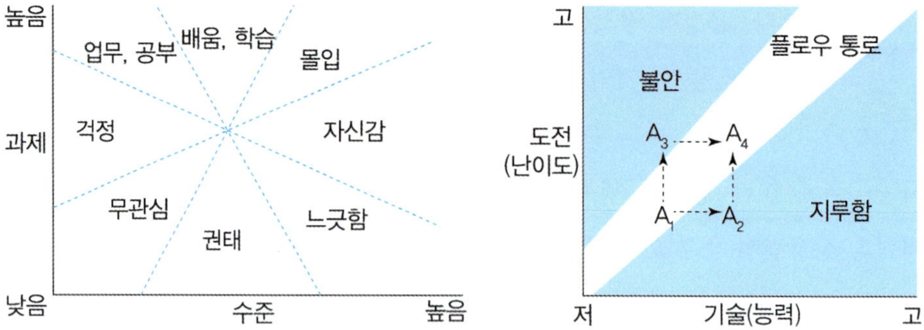

출처: 칙센트미하이(1990), 몰입.

▮그림 2-3 몰입(Flow)의 모델

몰입은 개념적으로 따분함과 불안감 사이에 위치하게 되는데 이는 컴퓨터 게임뿐만 아니라 운동이나 악기 연주, 혹은 글을 쓸 때도 경험할 수 있다.

몰입의 경험을 얻기 위해서는 첫째, 분명한 목표가 있어야 한다. 둘째, 신속한 피드백을 얻을 수 있어야 한다. 셋째, 과제주순과 개인의 능력 사이에 균형을 유지할 수 있어야 한다. 넷째, 통제력을 강화시킨다. 다섯째, 자발적으로 과제에 빠질만큼 흥미가 있어야 한다. 이때, 다른 주변 환경은 물론 자신의 존재마저 잊게 될 때 행복감을 느끼게 된다.

이제 몰입의 이론을 자신의 삶에 적용시켜 보도록 하자. 지금 현재 따분한가? 불안한가? 아니면 즐겁고 열정적인가? 우리의 삶에 몰입의 통로를 만들기 위해서는 도전받은 과제나 목표들의 달성을 위해 개개인의 창조적인 생각과 목표들을 실천에 옮기는 행위가 필요하다.

몰입의 기술(A), 도전(B), 목표(C), 규칙(D), 피드백(E)의 조건을 활용하여 “영어로 의사소통하기”를 실천해 보자.

(A: 기술) 현재 나의 능력 수준을 파악한다.

(B: 도전) 기초 문법책을 선택하여 이 책에 나오는 모든 문장을 외운다.

(C: 목표) 영어로 의사소통을 한다.

(D: 규칙) 문장을 외울 때에는 전화기를 꺼 놓고 무조건 한 페이지를 외운다.

(E: 피드백) 한 페이지를 다 외우고 나면 성취감을 느끼게 된다.

TIP **몰입(Flow)의 통로 만들기**

목표(C)	
도전(B)	
기술(A)	
규칙(D)	
피드백(E)	

몰입을 경험하기 위해서는 확실한 목표와 더불어 규칙을 정해놓고 자기 자신에게 긍정적 피드백을 주어 성취감을 느껴보는 것이 중요하다.

3 인간관계

인간관계는 사람과 사람 사이의 모든 관계를 말하는 것이다. 대인관계 능력은 다른 사람을 존중하고 배려하고 다른 사람의 마음을 헤아리고 아픔이나 느낌에 공감하는 능력을 말한다. 인간은 누구나 어떠한 형태로든지 타인과의 영향을 주고받는다. 인간의 행복과 불행의 원인은 85%가 인간관계에서 비롯된다. 이는 인간은 사회적 동물로 타인과의 협력을 통해 살아가기 때문이다.

인간관계는 조직생활에 있어 작업의 수행 및 생산수준과 생산물의 질에 실질적인 영향을 주게 되는데(이은혜, 2008) 아무리 뛰어난 업무 능력을 갖추고 있더라도 조직 구성원들과의 인간관계가 원만하지 못하면 많은 문제가 발생한다. 직장에서 성공한 사람의 85%가 인간적인 매력과 사람을 이끄는 능력이 뛰어난 사람으로 원만한 인간관계를 형성하기 위해서는 다음과 같은 원칙이 요구된다.

첫째, 비난이나 비평, 불평을 하지 말라. 비판은 인간을 방어적 자세를 취하게 하고 이는 자신을 정당화하도록 유도하기 때문이다.

둘째, 솔직하고 진지하게 칭찬하라. 인간은 심리적으로 다른 사람에게 인정을 받으려는 욕구가 있는데 사람들로부터 그들이 소유하고 있는 최고의 가능성을 계발하게 하는 방법은 칭찬과 격려이다.

셋째, 다른 사람의 열렬한 욕구를 불러 일으켜라. 다른 사람을 움직이게 할 수 있는 유일한 방법은 그들이 원하는 것에 관해 이야기하고 그것을 어떻게 하면 얻을 수 있는지를 보여 그가 가장 흥미 있는 일에 관해 이야기하도록 하는 것이다.

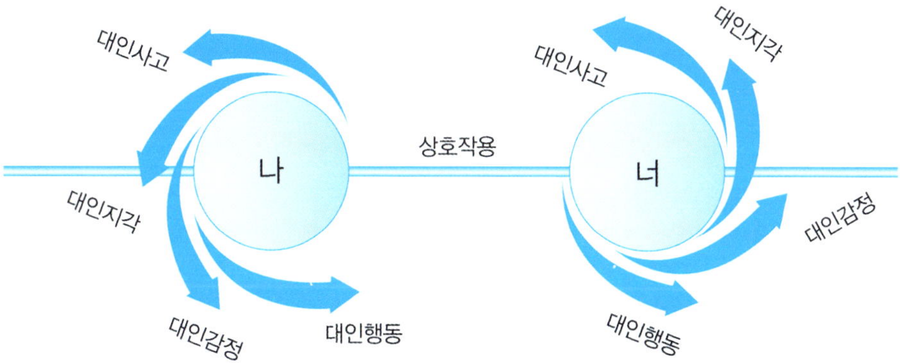

그림 2-4 인간관계의 상호작용

TIP 카네기의 인간관계 30가지 원칙

1. 비판 · 비난 · 불평금지
2. 솔직하고 진지하게 칭찬하라.
3. 사람들의 열렬한 욕구를 불러 일으켜라.
4. 다른 사람에게 순수한 관심을 기울여라.
5. 미소를 지어라.
6. 당사자에게는 이름이 그 어떠한 것보다도 기분 좋고 중요한 말이다.
7. 경청하라.
8. 상대방의 관심사에 대해 이야기하라.
9. 상대방으로 하여금 중요하는 느낌이 들게 하라.
10. 최선의 논쟁은 피하는 것이다.
11. 결코 당신이 틀렸다고 말하지 말라.
12. 잘못 했다면 즉시 인정하라.
13. 우호적인 태도로 말을 시작하라.
14. 상대방이 당신의 말에 즉시 'Yes'라고 대답하게 하라.
15. 상대방이 많은 이야기를 하게 하라.

16. 상대방의 아이디어인 듯이 느끼게 하라.
17. 상대방의 관점에서 사물을 보라.
18. 상대방의 생각·욕구에 공감하라.
19. 보다 고매한 동기에 호소하라.
20. 당신의 생각을 극적으로 표현하라.
21. 도전 의욕을 불러 일으켜라.
22. 시작은 칭찬과 감사의 말로 하라.
23. 잘못은 간접적으로 알게 하라.
24. 상대방을 비평하기 전에 자신의 잘못을 인정하라.
25. 직접적으로 명령하지 말고 요청하라.
26. 상대방의 체면을 세워주어라.
27. 아주 작은 진전에도 칭찬을 아끼지 마라.
28. 상대방이 훌륭한 명성을 갖도록 해 주어라.
29. 격려해 주어라.
30. 당신 제안을 상대방이 기꺼이 하도록 만들어라.

출처: 최영순(2004). 카네기 인간관계론.

4 삶의 의미

삶의 의미에 대한 정의는 학자마다 다양하게 정의된다. 여러 논의를 종합해 보면 '의미'는 주관적인 느낌으로 삶의 목적, 목표에 대한 틀과 실현, 일관성, 자기초월로 구성된다. 즉, 의미는 자신에게 중요한 것을 발견하고 만들어 내며, 찾아가는 과정으로 부정적인 것을 완화할 뿐 아니라, 긍정적인 것을 강화하는 데 강력한 힘을 갖는다(유선경, 2013).

사람들의 행동은 의미를 찾고자 하는 욕구와 자신이 추구하는 가치로 고통감을 넘어 웰빙(well-being)이라는 본질을 추구한다. 가치와 의미는 사람들이 행동할 이유와 동기를 제공하게 된다. 힘든 역경을 이겨낸 사람들의 공통점은 자신이 하는 일에 의미와 목적을 가지고 있기 때문에 이를 실현하기 위해 외부의 방해에도 흔들림 없이

의식적으로 자신의 일을 수행하여 삶의 만족도를 높일 수 있다.

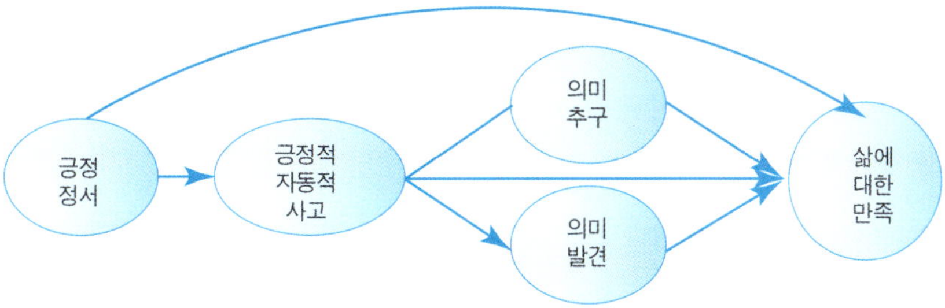

그림 2-5 확장 및 구축이론 검증 모형

죽음의 수용소에서 살아난 빅터 플랭클(Viktor Frankl)은 강박, 불안, 무력감 등을 겪고 있는 사람들에게 실존적 공허(Existential Vacuum)를 극복하기 위한 방법으로 삶의 의미를 제시하였다. 삶의 의미는 개인의 내적 선택으로 미래에 충족될 의미를 지향하게 될 때 의미가 중요해진다. 다음은 빅터 플랭클 박사와 상담했던 어느 노인의 이야기로 태도(attitude)와 의미(meaning)에 따라 삶의 방향이 달라진다는 예화이다.

"선생님. 아내가 없는 삶은 너무 고통스럽습니다. 제 삶에는 더 이상 의미가 없어요."

"어째서 그렇다는 건가요?"

"전 아내를 사랑했습니다. 아내 없이 홀로 이 세상을 산다는 것은 상상조차 할 수 없는 일이에요. 남은 삶에 무슨 희망이 있을까요?"

"진정하시고 제 이야기를 들어보세요. 어르신은 분명 아내 분이 먼저 세상을 떠났기에 삶이 고통스럽다고 하셨죠?"

"그렇죠……."

"그러면 반대로 선생님이 먼저 세상을 떠났다고 가정해 보세요. 아내 분은 어떤 심정 이었을까요?"

"나처럼 고통 스럽겠지요……."

"바로 그것이 어르신이 겪으신 이유의 의미입니다. 어르신이 겪고 있는 그 고통을 겪지 않게 하려고 아내 분이 먼저 세상을 떠난 것입니다. 어르신은 그 고통을 이겨내실 수 있을 것입니다."

앞장의 상담 예시처럼 자신이 하고자 하는 일에 의미와 가치를 부여하게 될 때 열정과 에너지가 만들어진다. 또한 가치와 의미는 자기결정감을 높여 자신의 과업에서 주인이 되도록 하여 자신이 선택한 일에 뚜렷한 기준과 원칙을 제공한다. 이는 불필요한 갈등과 의식, 역경을 수용하고 극복하게 하며 결과가 썩 좋지 않아도 스스로 만족하게 한다. 왜냐하면 선택한 것에 대한 가치와 의미는 그 과정 안에서 충분히 즐거움을 경험하였기 때문이다.

삶의 의미를 찾기 위해서는 첫째, 자신이 해야 할 일, 자신밖에 할 수 없는 일을 찾는다. 둘째, 사랑을 찾는다. 셋째, 고난을 찾고 받아들인다. 인생은 즐거움과 행복만 있는 것은 아니다. 시련과 고통이 우리의 삶에 함께 숨 쉬고 있다는 사실은 인생 자체가 의미 있기 때문이다.

TIP Value Sort Card (가치유형카드)

PERSONAL VALUES Card Sort		IMPORTANT TO ME	
VERY IMPORTANT TO ME		NOT IMPORTANT TO ME	
1	**ACCEPTANCE(받아들임)** to be accepted as I am	2	**ACCURACY(정확성)** to be accurate in my opinions and beliefs
3	**ACHIEVEMENT(성취)** to have important accomplishments	4	**ADVENTURE(모험)** to have new and exciting experiences
5	**ATTRACTIVENESS(매력)** to be physically attractive	6	**AUTHORITY(권위)** to be in charge of and responsible for others
7	**AUTONOMY(자율성)** to be self-determined and independent	8	**BEAUTY(아름다움)** to appreciate beauty around me
9	**CARING(관심)** to take care of others	10	**CHALLENGE(도전)** to take on difficult tasks and problems
11	**CHANGE(변화)** to have a life full of change and variety	12	**COMFORT(편안함)** to have a pleasant and comfortable life

PERSONAL VALUES Card Sort		IMPORTANT TO ME	
VERY IMPORTANT TO ME		NOT IMPORTANT TO ME	
13	COMMITMENT(약속) to make enduring, meaningful commitments	14	COMPASSION(연민) to feel and act on concern for others
15	CONTRIBUTION(기여, 기부) to make a lasting contribution in the world	16	COOPERATION(협력, 협조) to work collaboratively with others
17	COURTESY(공손한, 정중한) to be considerate and polite toward others	18	CREATIVITY(창의력) to have new and original ideas
19	DEPENDABILITY(의존) to be reliable and trustworthy	20	DUTY(의무, 임무) to carry out my duties and obligations
21	ECOLOGY(생태계) to live in harmony with the environment	22	EXCITEMENT(신남, 즐거움) to have a life full of thrills and stimulation
23	FAITHFULNESS(충실함) to be loyal and true in relationships	24	FAME(명성, 유명세) to be known and recognized
25	FAMILY(가족) to have a happy, loving family	26	FITNESS(운동, 건강) to be physically fit and strong
27	FLEXIBILITY(융통성) to adjust to new circumstances easily	28	FORGIVENESS(용서) to be forgiving of others
29	FRIENDSHIP(우정) to have close, supportive friends	30	FUN(재미) to play and have fun
31	GENEROSITY(너그러움, 자비) to give what I have to others	32	GENUINENESS(진실) to act in a manner that is true to who I am
33	GOD'S WILL(신의 뜻) to seek and obey the will of God	34	GROWTH(성장) to keep changing and growing
35	HEALTH(건강) to be physically well and healthy	36	HELPFULNESS(도움) to be helpful to others
37	HONESTY(진실) to be honest and truthful	38	HOPE(소망, 희망) to maintain a positive and optimistic outlook
39	HUMILITY(겸손) to be modest and unassuming	40	HUMOR(유머) to see the humorous side of myself and the world

PERSONAL VALUES Card Sort		IMPORTANT TO ME	
VERY IMPORTANT TO ME		NOT IMPORTANT TO ME	
41	**INDEPENDENCE(독립심)** to be free from dependence on others	42	**INDUSTRY(근면)** to work hard and well at my life tasks
43	**INNER PEACE(내면의 평화)** to experience personal peace	44	**INTIMACY(친밀함)** to share my innermost experiences with others
45	**JUSTICE(정의)** to promote fair and equal treatment for all	46	**KNOWLEDGE(지식)** to learn and contribute valuable knowledge
47	**LEISURE(여가)** to take time to relax and enjoy	48	**LOVED(사랑 받음)** to be loved by those close to me
49	**LOVING(사랑함)** to give love to others	50	**MASTERY(숙달)** to be competent in my everyday
51	**MINDFULNESS(마음 챙김)** to live conscious and mindful of the present moment	52	**MODERATION(적당함)** to avoid excesses and find a middle ground
53	**MONOGAMY(일부일처제)** to have one close, loving relationship	54	**NON-CONFORMITY(일반적 관행에 따르지 않음)** to question and challenge authority and norms
55	**NURTURANCE(애정어린 돌봄)** to take care of and nurture others	56	**OPENNESS(솔직함)** to be open to new experiences, ideas, and options
57	**ORDER(순서)** to have a life that is well-ordered and organized	58	**PASSION(열정)** to have deep feelings about ideas, activities, or people
59	**PLEASURE(쾌락)** to feel good	60	**POPULARITY(유명세)** to be well-liked by many people
61	**POWER(힘)** to have control over others	62	**PURPOSE(목적)** to have meaning and direction in my life
63	**RATIONALITY(합리성)** to be guided by reason and logic	64	**REALISM(현실주의)** to see and act realistically and practically
65	**RESPONSIBILITY(책임감)** to make and carry out responsible decisions	66	**RISK(위험 요소)** to take risks and chances

	PERSONAL VALUES Card Sort		IMPORTANT TO ME
	VERY IMPORTANT TO ME		NOT IMPORTANT TO ME
67	**ROMANCE(연애)** to have intense, exciting love in my life	68	**SAFETY(안전성)** to be safe and secure
69	**SELF-ACCEPTANCE(자아 수용)** to accept myself as I am	70	**SELF-CONTROL(자제력)** to be disciplined in my own actions
71	**SELF-ESTEEM(자존감, 자부심)** to feel good about myself	72	**SELF-KNOWLEDGE(자기 이해)** to have a deep and honest understanding of myself
73	**SERVICE(섬김)** to be of service to others	74	**SEXUALITY(성적 취향)** to have an active and satisfying sex life
75	**SIMPLICITY(단순함)** to live life simply, with minimal needs	76	**SOLITUDE(고독)** to have time and space where I can be apart from others
77	**SPIRITUALITY(영성)** to grow and mature spiritually	78	**STABILITY(안정)** to have a life that stays fairly onsistent
79	**TOLERANCE(관용)** to accept and respect those who differ from me	80	**TRADITION(전통)** to follow respected patterns of the past
81	**VIRTUE(선행)** to live a morally pure and excellent life	82	**WEALTH(부)** to have plenty of money
83	**WORLD PEACE(세계 평화)** to work to promote peace in the world	84	Other Value:
85	Other Value:	86	Other Value:

출처: W.R. Miller, J. C'de Baca, D.B. Matthews, P.L. Wilbourne University of New Mexico, 2001

5 성취

성취란 목표한 바를 이루어내기 위해 주어진 환경이나 일에 최선을 다하고 끊임없이 노력하며 스스로 열심히 행하는 것이다. 성취감이란 목적한 바를 이룰 때 느끼는 감정이다. 긍정심리학에서 성취란 남에게 이기기 위해서이거나 돈을 벌기 위해서가 아니라 성취 그 자체가 좋아서 추구하는 것을 말한다. 이때 성취감을 느끼기 위해서는 스스로 정한 목표에서의 달성감과 일의 주체가 되는 자발성, 그리고 개인의 가치를 조직의 가치에 부합시킴으로써 스스로 일에 대한 관심을 가지고 최고의 기준에 도달하려는 의욕을 통해 성취감을 느낄 수 있다.

성공이란 목적한 바를 이루는 것이라면, 성취란 주어진 목적을 달성하는 것으로 심리학자인 맥클랜드(McClelland)는 인간이 가지고 있는 욕구를 성취욕구, 권력욕구, 친화욕구로 인간의 욕구는 선천적이기보다 사회의 문화로부터 학습된다고 하였다.

맥클랜드의 욕구이론 내용

욕구	내용
성취욕구(Need for Achievement)	높은 기준을 설정하고 이를 달성하고자 하는 욕구
권력욕구(Need for Power)	다른 사람에게 영향력을 미치고 통제하려는 욕구
친화욕구(Need for Affiliation)	대인관계에서 밀접하고 친밀한 관계를 맺고자 하는 욕구

성취동기가 높은 사람들의 성취행동 특성을 살펴보면 다음과 같다.

행동특성	내 용
과업 지향성	효율적인 수행이나 도전적인 자기능력을 시험하는 데 관심을 갖는다.
적절한 모험심	자기의 노력과 능력의 범위 내에서 문제에 도전하며 과제 난이도가 중간 수준인 정도를 선택하려는 경향이 있다.
성취 가능성에 대한 자신감	자신이 하는 활동의 성취 가능성을 긍정적으로 믿는다.
정력적이고 혁신적인 활동성	새로운 문제를 요구하는 상황에서 성취 동기를 발휘한다.
자기 책임감	지시나 명령에 의존하지 않고 행동의 결과를 자신의 책임으로 본다.

행동특성	내 용
수행결과 피드백에 대한 욕구	과업의 진행상황 및 결과에 대해 구체적이고 객관적인 정보를 추구하여 정확한 판단을 하려고 한다.
미래 지향성	장기적인 계획을 세우고 미래에 얻게 될 성취만족을 기대한다.

출처: 지방행정안전부(2007)

1979년 하버드 경영대학원을 졸업한 학생들에게 '명확한 장래목표를 설정하고 그것을 기록한 다음 그것을 성취하기 위한 계획을 세웠는가?'라는 질문에 3%만이 목표와 계획을 세운 것으로 밝혀졌다. 목표는 있었지만 글로 적지 않은 부류는 13%, 나머지 84%는 구체적인 목표가 없는 집단이었다. 10년 후 그 질문에 대해 그 대상자들을 다시 조사해 보니 목표는 있었지만 기록하지 않았던 13%의 학생들은 목표가 전혀 없는 84%의 학생들보다 평균적으로 2배의 수입을 올리고 있었고 정확하게 목표를 설정하고 기록했던 3%의 학생들은 나머지 97%의 학생들보다 평균 10배의 수입을 올리고 있었던 것은 목표의 중요성을 시사한다.

성취지향 역량을 높이려면 구체적인 목표가 반드시 필요하다. 목표는 측정 가능하고 계량적이어야 한다. 목표는 구체적이어야 한다. 목표는 기대되는 결과를 확인할 수 있어야 한다. 목표는 능력 범위 내에 있어야 한다. 목표는 현실적으로 달성 가능해야 한다. 목표를 설정하지 않는 이유로는 목표가 중요하지 않다고 생각하기 때문이다. 또한, 실패를 두려워하기 때문이다. 끝으로 타인의 시선을 두려워하거나 방법을 모르기 때문에 목표를 정하지 못하는 경우가 있다.

TIP 목표를 글로 써 놓았을 때 좋은 점

- 분명한 목표는 시간을 허비하지 않게 된다.
- 글로 쓴 목표는 가치에 대한 신념을 심어 준다.
- 글로 쓴 목표는 집중할 수 있도록 한다.
- 목표는 자존감을 높여 준다.
- 목표의식과 인생에 대한 기대를 갖게 한다.
- 훌륭한 결정을 내릴 수 있도록 돕는다.

TIP 5년 후의 내 모습

사업과 일에서	• 5년 후 무슨 일을 하고 있을까? • 어디서 그 일을 하고 있을까? • 누구와 함께 일하고 있을까? • 어떤 직책을 맡고 있을까? • 그 분야에서 나의 위치는 어느 정도 일까?
경제적으로	• 5년 후에는 통장의 잔액은 얼마이고, 얼마의 연봉을 받고 있을까? • 어떤 생활 양식을 누리고 있을까? • 어떤 집에서 어떤 차를 몰고 있을까? • 매달 매년 얼마를 어디에 투자하고 있을까? • 퇴직할 때 재산은 어느 정도 일까?
가족과 인간관계	• 누구와 함께 살고 있을까? • 누가 집을 떠나고 누가 남아 있을까? • 삶에서 중요한 사람은 누구일까? • 누구에게 가장 중요한 사람이 되고 싶은가?
건강 면에서	• 어떤 운동을 즐기고 있을까? • 매주 얼마나 운동을 할까? • 전반적인 건강 수준은 어떨까? • 음식, 운동습관을 바꾼다면 어떻게 바꿔 나갈까?

출처: 지방행정안전부(2007)

6 적용 및 실제

1) PERMA훈련

(1) 정서 – 지금까지 살면서 가장 행복했던 순간과 이유를 적어 보자.

(2) 몰입 – 알아차림: 최근에 내가 가장 집중하고 있는 활동에 대해 적어보자.

(3) 인간관계 – 소중한 시간과 선물 : 당신이 관심을 두고 있는 사람을 떠올려 보자.

- 당신이 그 사람을 위해 무엇을 해 줄 수 있는지를 나열해 보자.

- 그 사람을 위해 시간을 어떻게 사용할 것인지 계획하여 보자.

- 시간을 선물하기 위한 나만의 방법을 찾아보자.

(4) 삶의 의미 - 나의 정체성 찾기

삶의 의미 찾기	
나는 누구인가?	내가 살아가는 이유는?
나를 의미 있게 해 주는 것?	의미 있는 삶 이란?

(5) 성취 – 일주일 동안 자신의 강점을 살릴 수 있는 행동목록

일주일 동안 자신의 장점을 살릴 수 있는 행동목록을 만들어 보자.	실천결과
사례)	
1. 횡단보도를 건널 때 노약자가 있다면 노약자의 속도에 맞추어 횡단보도를 건넌다.	O
2. 버스를 이용할 때 운전기사님께 감사의 인사를 한다.	△

2) 성공을 위한 감정관리 - 부정적 자기암시를 긍정적으로 바꾸기

성공을 위해 자기 스스로 할 수 있는 좋은 방법은 인내심과 긍정적인 마음을 갖는 것이다. 우선, 우리 내면에 있는 부정적인 자기암시들을 긍정적인 자기암시로 바꾸어 보자.

1. 내가 떨쳐 내고 싶은 부정적인 자기암시들을 찾아 써 보자.

(1) ____________________

(2) ____________________

(3) ____________________

(4) ____________________

2. 부정적인 자기암시가 나에게 계속 작용할 경우, 어떤 결과가 예상되는가?

(1) ____________________

(2) ____________________

(3) ____________________

(4) ____________________

3. 부정적인 자기암시를 긍정적인 자기암시로 바꾸어 써 보자.

(1) ____________________

(2) ____________________

(3) ____________________

(4) ____________________

제 03 장 자기개발능력

1 현대사회와 자기개발

현대사회는 지식에서 가치를 창출하는 사회로 발전되었다. 산업구조의 고도화, 세계화의 고속화, 정보화 사회로의 진입에 따른 직업 환경의 변화를 가져왔다. 직업세계에 대한 불안은 개인주도적 자기개발을 통해 자신의 평생 고용 가능성을 높게 만들고자 한다. 또한, 미래의 직업세계는 기업 간의 무한경쟁 속에서 창의적이고 혁신적인 부가가치를 창출하여 기업의 경쟁우위를 유지시켜 줄 수 있는 인재와 여러 분야에 폭넓고 깊은 전문지식을 갖고 있는 스페셜리스트를 요구한다.

최근 몇 년 사이 직장인들 사이에 등장한 신조어 샐러던트(샐러리(Salary)와 스튜던트(Student)의 합성어로써 직장에 다니면서도 자기개발에 힘쓰는 사람)는 공부하는 직장인이라는 의미로 사용된다. 평생직장의 개념은 평생직업의 개념으로 대체되었다. 평생직업은 빠르게 변하는 노동시장에서 새로운 지식과 경험, 끊임없는 학습을 통해 고부가가치를 창출해 낼 수 있는 능력을 기반으로 한 새로운 직업인상을 만들어 냈다.

평생직업에서 고용에 대한 불안은 자기개발이 선택이 아닌 필수가 되는 시대에 따라 직장인의 자기개발은 지식가치의 창출을 요구하는 사회에 대응하기 위한 중요한 대처 방안이 되고 있다. 그러나 단순히 직업에서 요구되는 독특한 조건을 만족시키기 위한 자기개발이 된다면 여전히 직장에서의 수직상승만을 따르게 될 것이다.

최근 MZ세대들의 직업관은 한 회사에서 평생 고용을 꿈꾸지 않는다. 자신의 삶을 무조건 희생하지 않는 것이다. 이와 동시에 자신의 흥미, 적성, 능력, 가치관에 따라 자아실현과 삶의 균형을 추구하는 심리적 성공을 달성하도록 노력한다. 이것은 최근의 청년층의 심리를 반영해 주고 있다. 직업의 목적이 지위와 명성, 성공, 고소득과 같은 외적 성공뿐만 아니라, 개인의 심리적 만족과 성장, 성공을 이루어 줄 직장과 경력을 개인 스스로 만들어 내는 프로테우식(Protean Career) 경력개발을 통해 자아정체성을 확립할 수 있어야 한다.

따라서 미래사회에서는 어떠한 환경에도 적응하고 살아남을 수 있는 생애설계가 필요하다. 생애설계는 취업준비에서부터 은퇴에 이르기까지 자신의 경력을 체계적으로 계획하고 관리하는 적극적인 경력개발이 중요하다.

1) 자기개발의 개념

자기개발의 정의를 알아보자. '자기개발'이란 자신의 능력, 적성 및 특성 등에 있어서 강점과 약점을 확인하여 강점을 강화시키고 약점을 관리하여 성장을 위한 기회로 활용하는 것을 말한다. 여기에 더하여 기초 직업능력의 자기개발능력은 직업인으로서 자신의 능력, 적성, 특성 등을 이해하고 목표성취를 위해 스스로를 관리하며 개발해 나가는 능력을 말한다(NCS, 2016).

자기개발의 '개발'은 자원(산업적인 것으로 토지나 자본) 따위를 유용하게 발전시키는 것이다. 자신이 가지고 있는 지식 또는 재능을 발달시키는 것이 '개발'이고, '계발'은 사람과 관련된 자원(슬기, 재능, 사상)을 일깨워 발현시키는 것이다. 자기개발은 영어 'self-development'를 직역한 것으로 develop는 'developer'와 관련되어 '개척한다'의 의미로 미지의 그 무엇을 개척하는 작업으로 스스로 성장되어지는 것을 의미한다. 최근에는 개발과 계발을 통합적으로 하여 '자기개발'이란 용어로 사용되고 있다.

자기개발 활동은 자신에 대한 성장 동기가 높은 사람일수록 매사에 적극적이며 직무열의도 높을 가능성이 있다(이인호, 2010). 외부의 보상보다 행위 자체에 즐거움을 느끼고 몰입의 즐거움을 갖게 한다. 또한 자기 자신의 행동을 자율적으로 조절하여 새로운 것을 배우면서 즐거움과 만족을 느끼게 되며 현재와 미래에 관련하여 더 나은 선택을 하도록 도와준다. 이러한 자기개발 활동은 자신이 속한 조직의 철학과도 유의미한 상관관계를 갖는다. 조직구성원은 단순한 과업을 수행하는 것에서 벗어나 자신의 역량이나 능력을 개발하여 새롭고 창의적인 방법으로 목표를 성취해 가야한다.

종합적으로 자기개발능력은 자신의 장점과 흥미, 특성, 적성 등을 인식하는 것이 먼저이다. 이후 목표성취를 위해 스스로를 관리하는 능력이다. 성공적 경력관리는 자존감 향상 및 자기만족감을 얻을 수 있다. 이에 자신의 성장에 책임을 지고 스스로의 변화를 창출하고 자신의 능력을 함양하여 조직의 업무성과에 긍정적 영향을 줄 수 있어야 한다.

2) 자기개발의 필요성

자기개발은 왜 필요할까? 세계보건기구(WHO)에 따르면 2022년 기준 대한민국의 남녀 평균수명은 남자 80.5세, 여자 86.5세로 나타났다. 평균 수명을 84세라 한다면 대학 졸업 후 약 60년에 걸친 시간을 어떻게 사용하느냐에 따라 삶의 방향이 달라질 것이다. 대략 60년의 시간을 평생학습 차원에서 경력관리가 필요하다면 자기개발은 경력개발을 단계적으로 실천해 나가는 과정에 기초가 된다.

첫째, 자기개발은 개인의 목표 성취의 성장과 발전으로 보람된 삶을 제공한다. 자기개발 활동은 학습하는 과정(몰입)이나 학습의 결과(성취)이다. 우리들에게 심리적 안정감을 갖게 하는 동시에 삶(의미 있는 삶)의 의미를 제공하여 윤택한 삶을 영위하게 한다. 자기개발은 일생 동안 일과 관련해서 경험하고 거쳐 가는 모든 체험 안에서 이루어진다. 자기개발이 한 개인의 평생에 걸친 모든 일의 경험이라고 정의할 때, 이 정의에는 평생, 일, 경험이 핵심요소가 된다. 이와 같이 자기개발에서 커리어는 평생(Life-long)에 걸쳐 자신을 만들어 가는 것이다. 일(Task)로써 평생직장이 아닌 직업(Job)

에서 평생의 직무(Task)를 개발하는 것이 커리어 개발의 핵심요소이다. 마지막으로 경험(Experience)을 들 수 있는데 이는 이력서에 쓰이는 객관적인 경험뿐만 아니라 직무를 통해 자신만이 만들어 낼 수 있는 스토리이다.

둘째, 개인의 전문지식과 능력개발은 직장생활에서 업무 성과의 향상으로 조직에 공헌할 수 있기 때문에 중요하다. 치열한 경쟁사회와 더불어 평생에 걸친 경력개발(life long career development) 시대에서 우리는 수차례의 경력전환(career transition)이 필요하고 그 분야의 최고가 되기 위해 자기개발이 필요하다.

자기개발이 자기성취를 목적으로 자신의 직무수행능력이나 전문성을 신장시키기 위해 필요한 지식과 기술을 익히고 발전시키는 의지(Ross & Broh, 2003)라고 할 때 직업에서의 자기개발은 직무만족을 통해 자기효능감을 향상시킨다. 즉, 내적·외적 직무만족과 조직의 환경적 상황의 긍정적 결합 상태를 이끌어 내는 일이라 할 수 있다.

셋째, 변화하는 사회환경에 적극적으로 대처하며, 긍정적인 인간관계에도 도움을 준다. 현대사회는 모든 생활에 있어서 기능의 효율성, 최소비용과 최대효과, 최적화, 복잡한 직업적 임무를 완수하기 위한 고도의 전문적 기술을 요구한다. 성공적인 자기개발을 위해서는 자기개발에 대한 필요성을 스스로 느낄 수 있어야 한다. 분명한 자기개발에 대한 목표를 수립할 수 있어야 한다. 다음으로는 수립한 목표를 어떻게 해야 할지 구체적인 방법을 찾아 단계별 계획을 세워 자기개발을 지속하려는 노력이 요구된다.

3) 자기개발의 구성요소

자기개발능력은 자아인식능력, 자기관리능력, 경력개발능력으로 구성되어 있는데, 이 영역은 별개의 독립적인 영역이라기보다 자아인식에서 출발하여 경력개발로 나아가는 단계적 흐름을 갖고 있다. 각각의 구성요소를 살펴보면 다음과 같다. 자아인식능력(Self-awareness)은 주체적인 나로서 자신의 생각이나 신념, 가치, 흥미, 적성,

성격, 강점 등을 이해하는 부분으로 자신이 누구인지를 아는 능력을 말한다. 명확한 자아인식은 자기존중감과 자신감을 높이고 성장욕구를 증가시켜 개인과 팀의 성과를 향상시킨다. 올바른 자아인식은 다양한 방법을 활용하여 자신이 관심 있는 분야와 흥미, 능력 등을 종합적으로 분석하여 자신이 원하는 직업을 선택하게 하고 그 일을 효과적으로 수행하기 위한 능력과 기술이 무엇인지를 알게 한다. 직장인으로서 자아인식은 직장생활에서 요구하는 능력과 기술을 이해하는 동시에 자신의 가치를 활용하여 조직의 성과를 높이는 데 필수요소이다.

자기관리능력(Self-management)은 필수조건으로 자신의 행동과 생활과제를 관리하는 능력을 말한다. 자기관리는 자신에 대한 이해를 바탕으로 비전과 목표를 수립하고, 수립한 목표에 도달하기 위한 과제를 도출한다. 이후 일정을 수립해야 하며, 수립한 일정을 실제적으로 수행하고 결과에 대한 반성과 피드백을 통해 다음 수행에 반영하도록 하는 것이 필요하다.

경력개발은 개인이 경력목표를 설정하고 이를 달성하기 위해 경력계획을 수립하는 것이다. 경력개발의 목적은 개인의 능력을 최대한 개발시켜 이것을 조직의 경력기회에 적용시킴으로써 미래의 직무를 준비하기 위한 필요한 자질을 높여준다. 경력개발은 개인의 경력목표를 설정하고, 이를 달성하기 위한 경력계획을 수립하여 조직의 욕구와 개인의 욕구가 일치할 때 성공적인 경력개발로 이어진다.

TIP CDR(Career Development Road map)이란?

CDR이란?

대학에서 학부(과) 전공단위별로 해당 전공을 통하여 진출할 수 있는 분야를 선정하여 분야별 전략적 교육과정을 로드맵하여 제공함으로써 학생들에게 자신의 미래에 대한 뚜렷한 목표를 가지게 함과 동시에 학생 스스로 본인의 경력을 개발하고 미래를 설계하여 전문직종으로 취업을 보다 용이하게 하기 위한 경력개발이다.

CDR의 목적
1. 맞춤형 인재의 개발이나 육성
2. 개인의 자아실현과 성장욕구 충족
3. 해당 분야의 실무능력을 겸비한 인재 제공
4. 인적자원의 효율적인 활용

〈CDR 운영경로〉

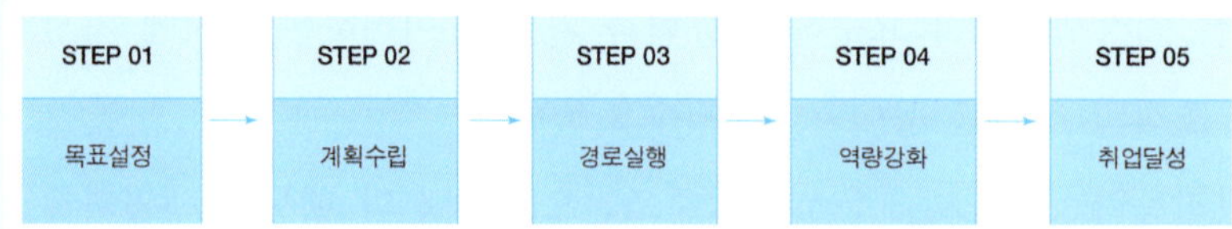

출처: 상명대학교

2 대학생의 자기개발능력

1) 자기개발의 특징

경쟁이 치열해지는 사회분위기는 구조조정, 노동시장의 불안정으로 평생직업을 위해 자기개발에 힘쓰는 직장인의 수를 급속도로 증가시켰다. 이러한 자기개발은 긍정적 요소 외에도 자기개발에 대한 지나친 강박증과 심한 스트레스를 받게 하는 양면성도 지니고 있다. 그럼에도 평생직장이 아닌 평생직업의 시대에서는 인생에 대한 전반적인 인생 목표 설정, 목표를 달성할 수 있는 구체적인 방법들, 자신의 삶을 스스로 선택하는 능력이 요구된다.

최초로 자기실현(self-actualization)이란 용어를 언급한 칼 융(Carl Jung)은 특정한 개별적 존재가 되는 것, 개성화(individuation), 인간이 세상에 가지고 나온 모든 정신을 남김없이 발휘하고 통합할 때 이루어지는 것을 자기실현이라고 표현하였다. 자기개발 활동이 학습인 동시에 목표를 추구하는 행동이라면, 하고 싶은 일과 할 수 있는 일을 구분하여 '나'의 가치를 내가 결정하고 그것을 아낌없이 발휘하는 능력이야 말로 적극적인 자기개발인 동시에 일과 생활의 균형을 이루는 자기실현이라 할 수 있다.

자기개발에 있어 중요한 특징은 다음과 같다.

첫째, 자기개발의 주체는 타인이 아니라 자기 자신이다. 자기 스스로 목표를 설정하여 설정한 목표를 이루기 위한 방법을 제시하고 실행하며 경과를 검토할 수 있어야 한다.

둘째, 자기개발은 자신의 가능성을 개발하는 것이다. 지적인 능력과 더불어 인간의 잠재 가능성을 포함해야 한다.

셋째, 자신의 일과 생활 속에서 이루어져야 한다.

넷째, 자기개발은 현재보다 나은 삶을 영위하기 위해 누구나 해야 하는 것이다.

2) 자기개발의 마음가짐

자기개발은 변화를 읽고 그 변화에 반응하고 대처하는 것이 아니라 그 변화에 주도적으로 대응하는 능력을 일깨우는 일이다. 자신의 열정과 가치 그리고 재능을 발전시켜 나가는 것이다. 따라서 자기개발은 다양한 트렌드에 대처하는 능력으로 자기 분야에서 제너럴 스페셜리스트(General Specialist)가 되기 위해 반드시 요구되는 사항이다.

대학시절부터 자신의 강점, 능력, 재능을 활용하여 학과 활동 등에 적극적으로 활용할 수 있는 능력을 키워야 한다. 자기개발은 취직이나 출세의 수단이기 이전에 자신에게 내재되어 있는 무한한 능력을 일깨워 자신과 타인의 삶을 풍요롭게 하는 것과 더불어 세계를 움직이게 하는 힘이 된다. 대학생의 자기개발능력은 자기개발의 하위 요소가 무엇인지, 개발 방법의 절차가 어떤지에 대한 지식을 최대한 활용할 수 있을 때 진정한 자기개발능력이 발휘될 것이다. 대학생으로서 장래를 내다볼 때 자기개발에서 고려해야 할 점으로는

첫째, 나는 어떤 사람인가? 나는 누구인가?에 대한 자기발견이다.

둘째, 다른 사람과 긍정적으로 상호작용하는 법을 배워야 한다.

셋째, 평생학습사회에서 학습에 적극적으로 참여하려는 목표를 세운다.

넷째, 사회 · 경제를 거시적으로 볼 수 있는 안목을 키우기 위해 각종 정보를 탐색하거나 해석, 평가, 활용하는 능력을 키워야 한다.

다섯째, 장기간에 걸친 경력개발을 단계적으로 실천하는 태도가 필요하다.

TIP **피터 드러커(Peter F. Drucker)의 '프로페셔널의 조건'**

자기개발은 개인의 행복과 직업인의 필수요소로 부단한 자기개발 없이는 경쟁사회에서 낙오를 면하기 어렵다. 피터 드러커는 지식경제에 있어 의미 있는 경쟁은 지식근로자 개인에게 달려 있다고 말했다. 이를 위해 개인은 프로페셔널(Professional)이 되어야 하는데 프로페셔널의 조건은 결국 자기개발의 근원이 되는 것으로 아래와 같다.

첫째, 목표와 비전을 가져라.
둘째, 신이 보고 있다고 생각하라.
셋째, 끊임없이 새로운 주제를 공부해라.
넷째, 자신의 일을 정기적으로 검토하라.
다 섯 째, 새로운 일이 요구하는 것을 배워라.
여섯째, 피드백을 활용하라.
일곱째, 어떤 사람으로 기억되길 원하는가?
에 대해 자신만의 해답을 찾아내는 일이라 할 수 있다.

3) 자기개발의 방해요인

기업 내 개척자(Entrepreneur at the workplace)정신은 전문 비즈니스맨을 의미하는 것으로 자기개발의 기초전략이 된다. 자기개발은 자신의 가치를 높이고 스펙을 보강하는 일로 자기 분야에서 전문가를 꿈꾸는 이들에게 '어떻게 하면 성과(Performance)를 달성할 수 있는가?'에 대한 실행방안들을 계획할 수 있게 동기부여를 만들어 준다.

자기개발은 자신의 업무성과 혹은 자신의 능력개발과 관련하여 자신의 능력을 확장해 나가는 것이다. 자기개발의 필요성을 공감하고 자기개발의 실천하는 방법을 알고 있더라도 이를 실행에 옮기는 일은 쉽지 않다. 2020년 취업포탈 강사닷컴의 조사에 따르면 자기개발을 하지 못하고 있는 이유에 대해 직장이나 아르바이트로 인한 시간 부족(52.3%), 의지 부족(17.6%), 비용적인 부담감(17.2%), 체력적인 문제(9.1%), 필요성을 느끼지 못해서(3%), 연애하기 바빠서(0.8%)로 자기개발을 가로막는 최대의 적은 시간과 자기 자신으로 나타났다.

자기개발은 몇 개월 혹은 몇 년만 하고 그만두는 것이 아니라 평생을 통해 이뤄가는 과정이다. 자기만의 목적이 있어야 하는데 평생을 걸 만한 자기개발의 가치가 불명확하거나 자신이 열정을 쏟아낼 가치와 재능을 발견하지 못하면 자기개발에 어려움을 겪는다. 자기개발에 어려움을 겪게 되는데 방해요인을 살펴보면 다음과 같다.

첫째, 매슬로(Maslow)의 욕구이론에 따르면 인간은 누구나 다양한 욕구를 가지고 있고 자신의 욕구를 충족시키기 위해 행동하게 된다. 다만, 개인의 긍정적 혹은 부정적 감정에 따라 소극적이거나 적극적인 태도를 보이게 된다. 이러한 태도와 감정이 합리적으로 통제되지 않거나 자기개발의 욕구보다 더 우선적으로 여겨지는 욕구가 있을 때 자기개발이 이루어지기 어렵다.

둘째, 자기제한적 사고를 하기 때문이다. 인간은 자신의 생각대로 돌아가기를 원하고 자신이 한 행동에 대하여 합리화하려는 경향이 있다. 스스로 만든 의식의 틀은 자신의 장점과 단점 등을 객관적으로 파악하는 데 어려움을 갖게 하여 자기개발의 방향 설정을 방해한다.

셋째, 문화적 장애에 부딪히기 때문이다. 우리가 살아가면서 신체적 장애보다 더 불편한 것이 문화적 장애라 할 수 있다. 문화란 사회 구성원에 의해 습득, 공유, 전달되는 행동양식으로 현재 익숙해 있는 일과 환경을 지속하려는 습성을 갖는다. 이러한 습성은 새로운 자기개발 실천과정에 장애요인으로 작용한다.

넷째, 자기개발 방법에 대한 정보 부족이다. 20세기 경영이 육체근로자의 생산성 증가라면, 21세기 경영은 지식근로자의 생산성 향상을 목적으로 한다(피터 드러커, 2002). 지식근로자란, 스스로 과업을 정의하고 자율성을 가지고 그것을 수행하며 양과 질의 성장을 동시에 추구하는 자산으로 글로벌 무한경쟁시대에서 요구되는 개념이다. 자산으로서 지식근로자는 자기경쟁력을 개발하기 위해 노력과 재능을 집중시키고 이와 관련된 정보, 교육기관, 국가의 지원 사업을 통해 자기혁신의 길을 열어야 한다.

3 적용 및 실제

1) 나는 누구인가, 무엇을 하고 살아야 하는가?

'나는 누구인가, 무엇을 하고 살아야 하는가?'에 대한 고민은 누구나 한다. 이러한 고민과 갈등을 통해 현재 내 모습이 형성될 수 있다. 따라서 '나는 누구인지.', '어떤 사람인지.'를 생각해 볼 수 있도록 과거, 현재, 미래의 내 모습을 완성해 보자. 나무의 뿌리 부분은 과거, 줄기 부분은 현재, 잎과 열매 부분은 미래라고 생각하고 내용을 적어보자.

미래의 나

예) 국제 발레 경연대회에 나가 우승하고 싶다.

현재의 나

예) 현재 발레 레슨을 받고 있는데
힘이 들어서 자주 그만두고 싶다는 생각이 든다.

과거의 나

예) 발레리나의 아름다운 모습을 보고 발레가 좋아져서
따라 하기 시작했으며, 제대로 배우고 싶다는 마음에
부모님을 졸라 학원을 다니기 시작했다.

2) 자기개발 체크리스트

아래의 20문항에 답하라. 최근 1년을 기준으로 답하되 너무 오래 생각하지 말고 즉각적으로 답하는 것이 좋다.

번호	항목	점수
1	지금까지의 자기개발 결과로 나는 연봉이나 수입이 점점 많아지고 있다.	
2	자기개발 덕분에 나의 직무 전문성은 사내·외에서 인정받고 있다.	
3	꾸준한 자기개발 덕분에 나는 위상이 높은 회사나 부서로 옮겨 왔다.	
4	출판이나 강의 등의 자기개발 결과물을 만들어 냈거나 고려하고 있다.	
5	자기개발을 하면서 나는 사내·외 인맥을 꾸준히 넓혀 오고 있다.	
6	나는 업무에 필요한 OA나 컴퓨터 활용 능력을 매년 향상시키고 있다.	
7	업무 관련 자격증을 취득했거나 취득 준비 중이다.	
8	영어나 중국어 등 외국어 공부를 정기적으로 하고 있다.	
9	주 3회 이상 자기개발 시간을 갖고 있다.	
10	매일 1시간 이상 자기개발 시간을 정기적으로 갖고 있다.	
11	나는 자기개발을 통해 지금 맡고 있는 업무를 더욱 잘하려고 노력하고 있다.	
12	일을 하면서 나는 상사나 선배사원으로부터 업무 노하우를 배우고 있다.	
13	지금 맡은 업무는 자기개발의 동기가 된다.	
14	나의 업무는 곧 자기개발의 연속이다.	
15	작년보다 올해 자기개발을 더 잘 실행하고 있다.	
16	자기개발 목표는 삶의 비전과 연결되어 있다.	
17	1년 단기 관점의 자기개발 목표를 갖고 있다.	
18	자기개발은 궁극적으로 내가 하고 싶은 일을 만들어 가는 과정이다.	
19	잘하는 일이나 재능에 기초하여 자기개발을 하고 있다.	
20	나는 자기개발을 통해 내 삶의 중요가치를 이루어가고 있다.	

번호	항목	점수

■ **자기개발 점수 확인**

20개의 문항에 모두 응답하였다면, '항상 그렇다'에 5점, '자주 그렇다'에 4점, '가끔 그렇다'에 3점, '거의 그렇지 않다'에 2점, '전혀 그렇지 않다'에 1점으로 채점하라.

그리고 이 점수들을 모두 더하라. 더해서 나온 총 점수가 그대의 자기개발 점수다.

본 평가는 2가지 의미를 갖는다.

첫째, 전체 점수의 크기를 보라.

총점 100점 가운데 80점 이상을 받았다면 S등급이다. 지금 하고 있는 그대로 지속적으로 실행하면 뜻한 바를 이룰 수 있을 것이다. 70점 이상이면 A등급이다. 아래의 세 번째 조언인 자기관점을 참조하라. 60점 이상이면 B등급이다.

둘째, 하위요소 점수 간의 균형을 보라.

본 체크리스트는 크게 3가지 하위요소로 구성되어 있다. 자기개발의 제1요소인 결과관점(1~5문항), 제2요소인 과정관점(6~15문항), 제3요소인 자기관점(16~20문항)이다. 이것은 마치 지지대 역할을 하는 다리가 셋인 의자와도 같아서 다리 하나가 부러지면 다른 두 다리도 아무런 소용이 없는 것과 같다. 그러므로 이 세 가지의 균형은 아무리 강조해도 지나치지 않다. 자신의 중간점수가 균형을 잘 이루고 있는지 확인해 보자.

(주의. 제2요소인 과정관점은 문항이 두 배이므로, 점수를 나누기 2로 하여 비교하라).

출처: 정연식 (2016)

02부

자아인식능력

개관

자아인식능력은 자신의 흥미, 적성, 특성 등을 이해하고 자기정체감을 확고히 하는 능력이다. 따라서 자신을 이해할 수 있는 능력을 함양하여 자신의 역량 및 자질을 개발하는 것이다.

학습목표

1. 자아인식의 개념을 설명할 수 있다.
2. 표준화 검사를 통해 성격적 특성 및 흥미를 이해할 수 있다.
3. 강점검사를 활용하여 자신의 강점을 설명할 수 있다.

제 04 장 자아인식

1 자아(自我, self, ego)의 개념

자아(自我)란 생각, 감정 등을 통해 외부와 접촉하는 행동의 주체로서의 '나 자신'을 의미한다. 철학에서는 우리 일상의 밑바닥에 있는 모든 경험(감각, 사고, 행동 등)의 당사자, 즉 자신을 말한다. 자아(自我)의 개념은 학자마다 다르게 설명하고 있다. 대표적으로 프로이드(Freud)와 융(Jung)의 자아를 알아보자.

1) 프로이드(Freud)가 말하는 자아

프로이드(Freud)는 인간의 성격은 원초아(id), 자아(ego), 초자아(superego) 세 가지의 체계로 구성되어 있다고 주장한다. 각 체계들은 고유의 기능, 특성, 구성의 요소와 역동 및 기제 등을 가지고 있으며, 인간의 행동은 이 세 가지 체계 간의 상호작용에 의해서 나타나는 것으로 본다.

이 세 가지 체계를 살펴보면 다음과 같다.

(1) 원초아(Id)

원초아는 인간이 태어나면서 타고난 것으로서 무의식 세계에 존재하며 본능의 지배를 받는다. 원초아는 성격의 세 요소 중 가장 막대한 힘을 갖고 있다. 성적이고 공격적인 충동으로서 '쾌락의 원리(pleasure principle)'를 추구한다. 쾌락원리의 목적은 고통을 최소화하고, 현실이나 도덕성에 대한 고려 없이 쾌락을 추구한다.

(2) 자아(Ego)

자아는 의식과 무의식의 세계에 존재하며 현실원리(reality principle)에 따라 작동한다. 자아의 중요한 기능은 개인으로 하여금 현실에 적응하도록 하는 것이다. 이에 따라 자아는 원초아의 요구를 고려하면서 현실 요구에 맞추어 쾌락을 지연시키거나 충족시키는 적절한 방법을 찾는다. 더불어 초자아가 주도하는 도덕적인 측면을 고려하여 합리적이고 규범적인 행동을 위한 조정 역할도 수행한다.

(3) 초자아(Superego)

초자아도 자아와 같이 의식과 무의식의 세계에 존재하며 '도덕의 원리(morality principle)'를 추구한다. 또한 초자아는 원초아의 본능적인 충동을 억제하며 자아의 현실적 목표를 도덕적이고 이상적 목표로 전환하도록 유도한다.

프로이드(Freud)는 초자아의 두 가지 측면을 '자아이상'과 '양심'으로 설명하고 있다. 초자아의 양심은 잘못된 행위에 대해서 처벌을 받거나 비난을 받은 경험에서 생기는 죄책감과 결부된 것으로 대개는 부모의 제재가 내면화된 것이다. 자아이상은 아동이 스스로 도달하고자 하는 긍정적인 가치체계를 말하며, 이는 부모의 행동과 동일시에 의해 획득된다. 그러므로, 초자아는 부모를 비롯하여 주위 사람들과 연결되어 있는 사회의 가치와 도덕이 내면화된 것이다.

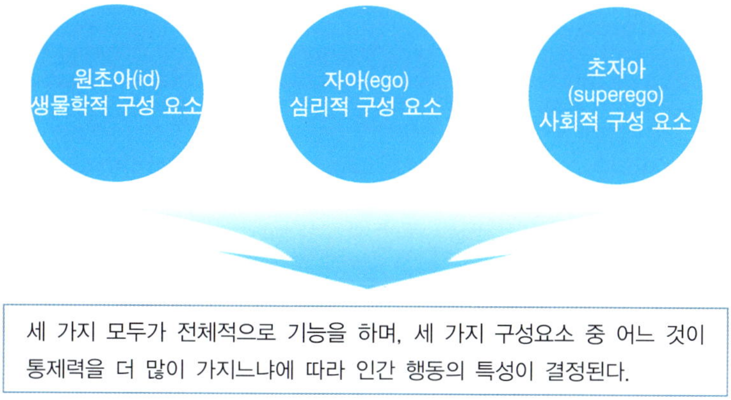

2) 융(Jung)이 말하는 자아

융의 사상에서 자기(self)와 자아(ego) 개념은 중요한 개념이다. 자기는 무의식의 밑바닥에 깊이 놓여 있는 세계이다. 그 세계는 집단무의식의 원형으로 모든 것을 포괄하는 세계이다. 자아는 자기의 세계보다 훨씬 작은 세계이다. 의식과 분별의 세계, 즉 지각, 기억, 생각, 감정으로 구성되어 있다. 자아가 자기를 발견하기가 지극히 어렵다. 즉, 의식의 세계는 무의식의 세계를 발견하기가 지극히 어렵다. 왜냐하면 의식의 세계는, 의식되지 않는 것은 존재하지 않는다고 생각하기 때문이다.

따라서 융은 자아가 자기를 자각할 수 있는 방법으로 꿈을 설명하고 있다. 꿈은 무의식의 활동이 우리의 인식 속에 지각되는 현상이다. 자기는 끊임없이 자아에게 꿈의 상징들을 통하여 자신의 메시지를 전하려고 한다. 이제 꿈은 자기와 자아가 만나는 접촉점이다. 그렇기 때문에 융은 꿈을 이해하는 것이 자기를 올바로 이해하는 지름길이 되는 것으로 설명하고 있다.

3) 자아인식의 의미

소크라테스는 '너 자신을 알라'라는 명언으로, 중국의 손자는 '지피지기(知彼知己)면 백전백승(百戰百勝)'이라는 명언으로 자아인식의 중요성을 표현하였다. 그만큼 자신을 제대로 아는 것은 매우 기본이 되며 중요한 일이다. 자아를 이해하는 것은 내가 어떤 특성을 가진 사람인지 알 수 있게 한다. 자기개발 및 진로의 방향을 올바르게 선택할 수 있도록 도우므로 자신의 미래를 설계하는 데 있어 매우 중요한 일이다. 따라서 자아인식은 자신의 생각, 동기, 가치, 신념, 강점 등을 이해하고, 이러한 자신의 특성이 타인과의 관계맺음에 어떻게 영향을 미치는가를 인식하는 과정이다.

자아인식은 스스로의 자신의 존재를 인식하고, 타인과 자기 외부에 대해서 판단하고 행동하는 독립체라고 할 수 있다. 자아를 구성하는 요소는 환경 및 교육에 따라 여러 구조로 표현되기도 하지만, 일반적으로 내면적 자아와 외면적 자아로 구분할 수 있다. 내면적 자아는 자신의 내면을 구성하는 요소이며, 측정하기 어려운 특징을 가지고 있다. 즉 적성, 흥미, 성격, 강점, 가치관 등을 말한다. 외면적 자아는 자신의 외면을 구성하는 요소로서 외모, 나이, 신체 등과 같이 눈으로 측정 가능한 것을 말한다.

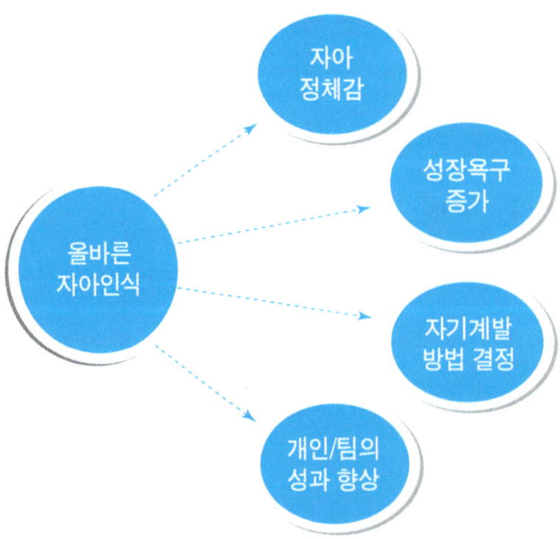

나를 안다는 것은 자신의 가치, 신념, 강점, 태도 등을 아는 것을 넘어서 이것들이 자신의 행동에 어떻게 영향을 미치는가를 아는 개념이다. 그러므로 자아인식이란 다양한 방법을 활용하여 자신이 어떤 분야에 흥미가 있고, 어떤 능력의 소유자이며, 어떤 행동을 좋아하는지를 종합적으로 분석하는 것이다. 자기를 지각하고 그 지각된 내용을 체계화시킴으로써 자신을 존중하고 자신을 가치 있다고 여기게 된다. 동시에 자신의 한계를 인식하고 더 성장해야 되겠다는 욕구를 가질 수 있어 자아정체감을 확고히 하게 된다. 따라서 자아인식은 대학생활에서 자기개발 및 진로를 탐색하고 결정할 때 자신의 요구를 파악하고 자신의 능력 및 기술을 이해하여 자신의 가치를 확신하는 것으로 개인과 팀의 성과를 높이는 데 필수적으로 요구된다.

4) 자아인식의 방법

(1) 조해리의 창

자아를 인식하는 방법으로 '조해리의 창'을 소개한다. 조셉과 해리의 두 심리학자에 의해 만들어진 '조해리의 창(Johari's Window)'은 자신과 다른 사람의 두 가지 관점을 통해 파악해 보는 자기인식 또는 자기이해 모델이다. 조해리의 창을 통해 살펴보면 〈그림 4-1〉과 같이 자신을 공개된 자아, 눈먼 자아, 숨겨진 자아, 아무도 모르는 자아로 나누어 볼 수 있다.

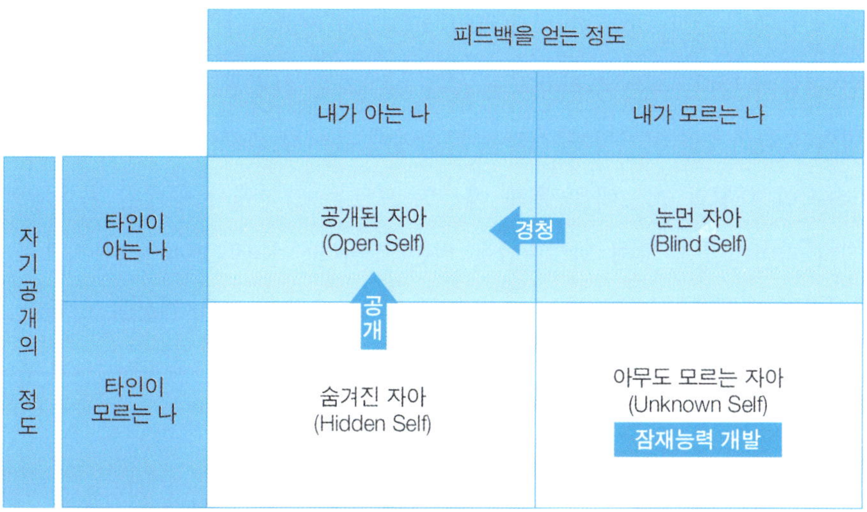

그림 4-1 조해리의 창

첫째, 공개된 자아영역은 나도 알고 남도 아는 객관적인 열린 영역이다. 이 영역은 적절하게 자기표현을 잘 하면서, 상대의 말 또한 잘 경청할 줄 아는 영역이다. 이 영역은 상대에게 호감을 주어 빨리 친밀해지는 성향도 있지만, 지나치면 경박스럽게 보일 수도 있다.

둘째, 눈먼 자아영역은 자신의 습관이나 행동을 다른 사람들은 알고 있는데 본인은 바르게 인지하지 못하는 영역이다. 이 영역이 넓은 사람은 자신의 기분이나 의견을 잘 표현하고 자신감이 있으며 솔직한 유형이다. 다만, 주장이 강하고 타인의 말에 진솔하게 귀 기울지 않는 단점도 있기에 독단적이고 독선적으로 보일 수도 있다.

셋째, 숨겨진 자아영역은 본인이 자신에 대해서는 아는데 상대방은 자신에 대해 모르는 비밀영역이다. 깊이 있는 관계가 아니면 알지 못하는 나의 모습으로 가면을 쓰고 살아가는 우리의 모습이다. 이 영역은 상대방의 말을 잘 경청하고 수용적이며 속이 깊고 신중함을 보이지만, 자신의 이야기나 속마음은 잘 드러내지 않는 경향이 있다.

넷째, 아무도 모르는 자아영역은 심층적 무의식 세계로 나도 모르고 타인도 알지 못하는 나의 부분을 의미한다. 이 영역이 넓은 사람은 인간관계에 소극적이며 무관심하고 혼자 있는 것을 좋아한다. 주관이 지나치게 강하거나 고집이 세고 대체로 심리적인 고민이 많다. 혹은 부적응적인 삶을 살아가는 사람들도 있다. 아무도 모르는 자아영역은 살아가면서 개발해야 하는 자신에게 주어진 과제이기도 하다. 자신에 대한 지속적인 관심과 피드백을 통해 아무도 모르는 영역에서 공개된 자아영역으로 넓히거나 자아성찰을 통해 의식전환을 하는 것이다. 이처럼 보다 객관적으로 자신을 인식하기 위해서는 내가 아는 나의 모습 외에 다른 방법을 적용할 필요가 있다.

(2) '내가 아는 나', '타인과의 커뮤니케이션', '표준화 검사도구'

자아를 인식하는 방법으로 〈그림 4-2〉처럼 나 자신에 대하여 알아보는 것, 다른 사람과의 소통을 통해서 살펴보는 방법, 표준화된 검사를 통하여 살펴보는 방법 등이 있다.

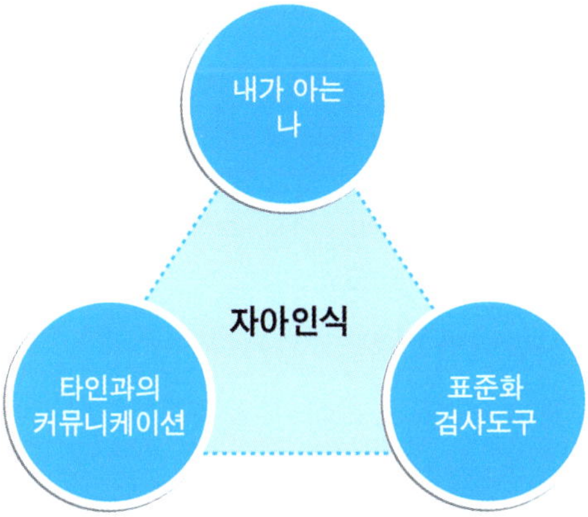

그림 4-2 자아인식방법

① 내가 아는 나

자아인식 방법 중에 '내가 아는 나' 영역은 객관적으로 설명할 수 는 없지만 타인이 알 수 없는 내면이나 감정을 알 수 있다는 특징을 가진다.

다음과 같은 질문을 통해 직업인으로서 '내가 아는 나'를 확인할 수 있다.

- 내 성격의 장단점은 무엇일까?
- 내가 관심을 가지고 열정적으로 몰입하는 일은 어떤 것이 있을까?
- 나는 목표를 가지고 있는가? 이것들은 가치로운 것인가?
- 내가 오늘 하고 있는 일(직장, 학교 등)을 그만둔다면, 나는 어떤 일을 새로 시작할까?

② 타인과의 커뮤니케이션

자아인식 방법 중에 '타인과의 커뮤니케이션' 영역은 자신이 보는 자신의 모습과 타인이 보는 자신의 모습을 비교해 볼 수 있다. '내가 아는 나' 영역에서의 자신의 모습과 타인이 보는 나의 모습이 일치할수록 사람들은 안정된 성격을 가지고 있다고 볼 수 있다. 따라서 타인이 보는 자신의 모습은 또 하나의 중요한 자아인식의 방법이 된다. 타인의 눈에 보여진 자신의 모습에는 내가 간과했던 부분을 알게 되고, 다른 사람이 나의 행동을 어떻게 보고 있는지 객관적으로 알 수 있다.

다음과 같은 질문을 통해서 '타인이 아는 나'를 확인할 수 있다.

- 저의 장단점을 뭐라고 생각하나요?
- 저를 평소에 어떤 사람이라고 생각하나요?
- 당신은 나를 처음 보고 어떤 느낌이 들었나요?

③ 표준화 검사도구

자아인식의 또 한 가지 방법으로 '표준화된 검사도구'를 활용한다. 표준화된 검사도구는 객관적 자료로 자신의 특성을 알 수 있는 척도를 제공한다. 각종 검사도구를 활용하여 자신을 발견하는 일은 자신의 미래를 설계하고, 진로를 탐색하는 데 도움을 줄 수 있다.

최근에는 인터넷을 통해 표준화된 검사도구를 손쉽게 이용할 수 있다. 자신의 흥미와 적성을 잘 알지 못하는 경우 온라인을 통해 표준화 검사를 실시하여 자신의 특성을 알 수 있다. 구체적인 표준화 검사도구 활용은 다음 장에서 다루고자 한다. 온라인으로 할 수 있는 표준화 검사는 다음의 홈페이지에서 실시할 수 있다.

- 고용안정정보망워크넷(www.work.go.kr) : 직업선호도검사, 한국직업전망 등
- 한국직업능력개발원(www.krivet.re.kr) : 진로정보제공, 진로상담 및 검사
- 한국행동과학연구소(www.kirbs.re.kr)
- KPTI한국심리검사연구소(www.kpti.com) : 심리검사 전문 기관, MBTI, STRONG 진로탐색 및 직업흥미검사, 적성, 학습검사, 온라인상담

- 한국청소년상담원(www.kyci.or.kr) : 진로발달, 적성탐색검사
- 한국심리적성연구소(www.allq.co.kr)
- 중앙적성연구소(www.cyber-test.co.kr)
- 진로적성연구원(www.choicest.net)
- 한국사회적성개발원(www.qtest.co.kr)

2 반성적 성찰

지금까지 살아온 자신의 삶이 잘 살아온 삶인지 잘못된 삶을 살아온 것인지 되돌아 보는 것은 미래를 잘살기 위한 중요한 행동이다. 미국의 심리학자 하워드 가드너 박사는 다중지능이론 여덟 가지 중에서 성공한 사람들은 공통적으로 자기성찰 능력이 뛰어났다고 말한다. 따라서 21세기 경쟁력을 갖춘 리더로 주체가 되기 위해서는 자기성찰적 능력을 함양하여야 한다.

성찰이 자기개발에 중요한 이유 중에는 우선 어떤 일을 마친 후에 자기성찰을 함으로써 다른 일을 해결해 나가는 노하우를 축적할 수 있게 해 준다. 또한 성찰을 통해서 자신의 부족한 부분을 인식하고 노력함으로써 지속적으로 성장할 수 있는 기회를 갖게 된다. 같은 실수를 하지 않음으로써 다른 사람에게 신뢰감을 줄 수 있다.

성찰은 지속적인 연습의 과정을 통해 향상될 수 있다. 지속적으로 연습이 이루어져서 습관화되면 중요한 일이 발생했을 때에 기존에 성찰을 통해 축적한 노하우를 발현할 수 있다.

성찰을 연습하는 방법으로는

① 성찰노트를 작성한다.

매일 잘했던 일과 잘못했던 일에 대한 이유와 개선점을 아무 형식 없이 적어

본다. 이것은 자신만의 자료가 될 것이다.

② **끊임없이 질문한다.**

어떠한 일이 발생하면 다음과 같은 질문을 하는 습관을 들인다.

- 일이 잘 진행되거나 그렇지 않은 이유는 무엇인가?
- 이 상태를 변화시키거나 혹은 유지하기 위하여 해야 하는 일은 무엇인가?
- 이번 일 중 다르게 수행했다면 더 좋은 성과를 냈을 일은 무엇인가?

자기성찰 사례

수년간 SK를 한국시리즈에서 우승시키고, 상위권 팀으로 도약시킨 '야신' 김성근 감독. 하위권 팀을 상위권 팀으로 도약시킨 그의 저력에는 '자기성찰'이 중요한 역할을 하고 있다. 2010년 한국시리즈를 마친 후 문화일보와의 인터뷰에서 그의 핵심 노하우가 잘 나타나 있다. 즉 리더들 중에 소수만이 가능한 자신의 생각과 감정을 관찰할 수 있는 능력 즉 자기성찰능력을 가지고 있다는 것을 그의 인터뷰에서 알 수 있었다. 김성근 감독은 인터뷰에서 다음과 같은 취지의 이야기를 하였다.

> 이번 한국시리즈에서는 양팀이 동시에 다 잘 보였다. 마치 '훈수꾼'의 입장에서 경기를 한 것이다. 예를 들어 투수 글로버가 이상한 행동을 할 때 상대팀도 투수코치도 투수 본인도 못 봤지만 자신은 보아서 교체를 했다. 경기가 안 될 때도 있었는데 그럴 때는 스스로 욕심이 들어가 있는 상태였다고 한다. 이럴 때는 집까지 두 시간 정도 걸어가면서 생각해 보면 결론은 스스로의 탓이라고 생각했다. 다음날 그 생각을 잊어버리고 다시 시작하니까 팀이 연승을 하는데 도움이 되었다.

3 적용 및 실제

1) 내가 보는 나와 타인이 보는 나의 통합

※ '내가 아는 나와'와 '타인과의 커뮤니케이션'을 통한 자아인식

STEP 1	다른 사람에게 나에 대하여 다음의 질문을 해보고 작성하게 한다(post-it). 작성한 것 중 자신이 동의하는 것에는 O, 동의하지 않는 것에는 X를 한다. - 저의 장단점을 뭐라고 생각하나요? - 저를 평소에 어떤 사람이라고 생각하나요? - 당신은 나를 처음 보고 어떤 느낌이 들었나요?
STEP 2	또 다른 post-it에 타인이 생각하는 내 자신의 모습 이외에 내가 생각하는 나의 특징 및 장단점을 써 보자.
STEP 3	STEP 1, STEP 2의 공통점을 찾는다(3가지 이상).
STEP 4	공통점을 활용하여 문장을 만든다. ex: 나 (이름)는 (공통점)사람입니다.

제 05 장 검사도구를 활용한 자아인식

자기개발에서 좀 더 정확하고 객관적인 자아인식을 원한다면 표준화 검사도구를 활용하는 방법이다. 자신을 이해하고 인식한다는 것은 다양한 자신의 모습을 들여다보는 것이며, 이는 개인의 성격적 특성, 가치, 흥미, 욕구, 원하는 삶의 방식과 직접적으로 관련이 있다. 다양한 표준화 검사도구가 있지만 이번 장에서는 MBTI 검사도구 및 홀랜드 흥미검사를 활용하여 성격 및 흥미 특성을 파악해 볼 수 있다.

1 MBTI를 활용한 성격 탐색

성격은 개인마다 각각 다르며 개인의 스타일을 결정하는 중요한 요소이다. 성격에 대해 학자들의 주장이 다양하지만, 일반적으로 성격은 시간과 환경의 변화에도 불구하고 반복적이며 지속적으로 나타나는 개인의 사고, 감정, 행동에 영향을 미치는 지속적인 특성이다. 성격의 특성은 밖으로 드러나는 외면적 특성과 외적으로 드러나지 않는 내면적 특성까지 포함하므로 자신의 성격특성을 파악하기 위해서는 전문적인 심리검사를 활용하는 것이 좋다.

1) MBTI 개념

MBTI에서는 인간의 성격을 네 가지의 분리된 선호경향으로 구분하여 태도, 선호인식양식, 선호판단양식에서의 개인차를 통해 개인의 성격적 특성을 유형으로 제시하고 있다. 여기서 선호경향이란 교육이나 환경의 영향을 받기 이전에 이미 인간에게 잠재되어 있는 선천적 심리경향을 말한다.

MBTI(Myers–Briggs Type Indicator)는 융(Jung)의 심리유형론을 근거로 하여 브릭스(Katharine Cook Briggs)와 메이어스(Isabel Briggs Myers) 보다 쉽고 일상생활에 유용하게 활용할 수 있도록 고안한 자기보고식 성격유형지표이다.

MBTI의 바탕이 되는 융의 심리유형론의 요점은 각 개인이 외부로부터 정보를 수집하고(인식기능), 자신이 수집한 정보에 근거해서 행동을 위한 결정을 내리는 데(판단기능) 있어서 각 개인이 선호하는 방법이 근본적으로 다르다는 것이다. 따라서 MBTI는 융(Jung)의 심리유형론에서 주장한 인간의 행동은 다양성으로 제멋대로이고 불규칙해 보이지만, 사실은 아주 질서정연하고 일관된 경향이 있다는 데서 출발하였다. 인간행동의 다양성은 개인이 정보를 인식(perception)하고 판단(judgement)할 때 각자 선호하는 경향을 갖는다. 이러한 선호경향들이 합쳐져서 인간의 행동에 어떠한 영향을 미치는가를 파악하여 실생활에 응용할 수 있도록 제작된 지표이다.

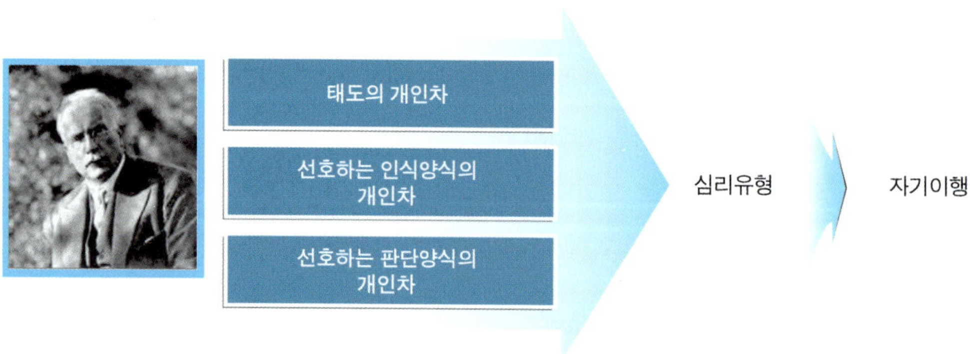

그림 5-1 융의 심리유형론

2) MBTI의 4가지 선호경향

각 개인은 자신의 기질과 성향에 따라 〈그림 5-2〉의 4가지 이분척도에 따라 둘 중 하나의 범주에 속한다. MBTI에서는 인식과정을 감각(S: Sensing)과 직관(N: iNtution)으로 구분하여 사물, 사람, 사건, 생각들을 인식하게 될 때 나타나는 차이점을 이해할 수 있도록 해주며, 판단과정은 사고(T: Thinking)와 감정(F: Feeling)으로 구분하여 우리가 인식한 바에 의거해서 결론을 이끌어 내는 방법들 간의 차이점을 알 수 있도록 해준다. 이러한 기능을 사용할 때 어떤 태도를 취하는가에 따라 외향(E: Extraversion)과 내향(I: Introversion) 및 판단(J: Judging)과 인식(P: Perceiving)으로 구분하여 심리적으로 흐르는 에너지의 방향 및 생활양식들을 이해할 수 있도록 해준다.

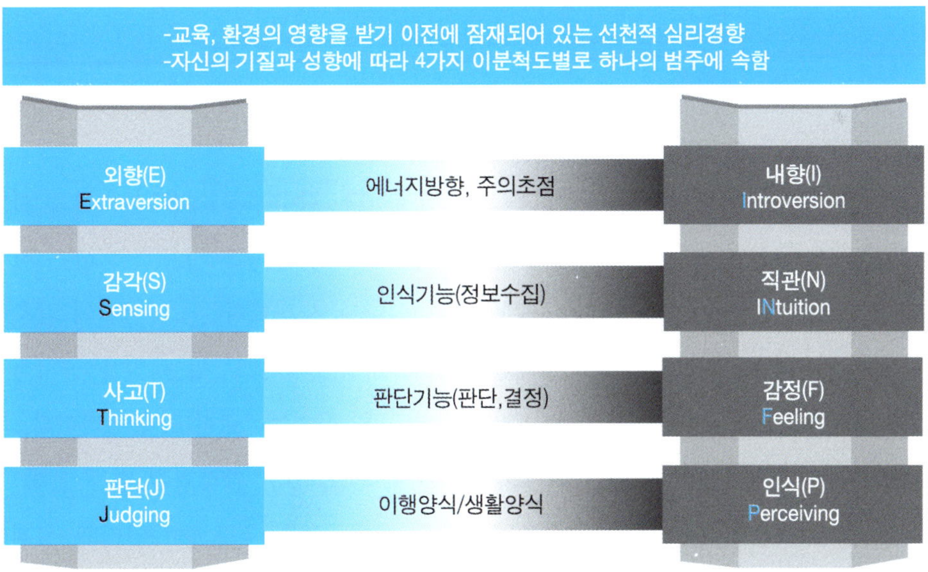

그림 5-2 MBTI 4가지 이분척도

(1) 선호경향: 에너지의 방향 및 주의초점

외향형(E)과 내향형(I)은 "에너지의 방향이 어느 쪽으로 가는가" 즉, 내부에 관심이 많으냐 외부에 관심이 많으냐에 따라 구분된다. 외향형은 에너지 및 주의집중도가 외부세계에 가 있는 사람의 성격을 말한다. 외향형의 사람은 행동지향적이고 말하기를 좋아한다. 외향형과 달리 내향형은 내부 세계로 에너지가 몰리며, 내부 세계에 관심이 많다. 내향형은 상대적으로 조용한 편이며, 혼자 앉아 생각하는 시간을 가져야 에너지를 얻는다.

선호지표	외향형(Extraversion)	내향형(Introversion)
설명	폭넓은 대인관계를 유지하며 사교적이며 정열적이고 활동적이다.	깊이 있는 대인관계를 유지하며 조용하고 신중하며 이해한 다음에 경험한다.
대표적 표현	• 자기 외부에 주의집중 • 외부활동과 적극성 • 정열적, 활동적 • 말로 표현 • 경험한 다음에 이해 • 쉽게 알려짐	• 자기 내부에 주의집중 • 내부활동과 집중력 • 조용하고 신중 • 글로 표현 • 이해한 다음에 경험 • 서서히 알려짐

(2) 인식기능(정보수집)

감각(S)과 직관(N)은 정보를 인식하는 선호경향이다. 감각(Sensing)을 선호하는 사람은 오감으로 관찰한 사실이나 사건을 잘 받아들인다. 직관(iNtuition)을 선호하는 사람은 오감이 아닌 육감으로, 현재의 구체적인 사실이나 사건보다는 그 이면에 감추어진 의미, 비전을 잘 받아들인다. 감각형은 현재 직접 경험하고 있는 일을 중시하며 현실적이고 관찰력이 좋으며 세세한 것까지 기억을 잘하며, 표현도 구체적이다. 직관형은 구체적인 사실보다는 전체를 파악하는 경향이 있다. 감각형은 현재 눈에 보이는 사실을 중요하게 다루며, 직관형은 새로운 가능성을 추구하며 미래의 성취와 변화에 관심이 많다.

선호지표	감각형(Sensing)	직관형(iNtuition)
설명	오감에 의존하여 실제의 경험을 중시하며 지금, 현재에 초점을 맞추고 정확, 철저히 일처리한다.	육감 내지 영감에 의존하며 미래지향적이고 가능성과 의미를 추구하며 신속, 비약적으로 일처리한다.
대표적 표현	• 지금, 현재에 초점 • 실제의 경험 • 정확, 철저한 일처리 • 사실적 사건 묘사 • 나무를 보려는 경향	• 미래 가능성에 초점 • 아이디어 • 신속비약적인 일처리 • 비유적, 암시적 묘사 • 숲을 보려는 경향

(3) 판단기능(판단, 결정)

사고형(T)과 감정형(F)은 수집된 정보를 판단하는 선호경향이다. 감각이나 직관을 통해 정보를 얻으면 그 정보를 결정하게 된다. 사고형(Thinking)은 상대방, 인정, 체면보다는 분석, 원리에 따라 판단하며, 감정형(Feeling)은 개인적, 인간적, 사회적 가치를 기준으로 판단한다. 여기서 말하는 사고형은 생각을 많이 한다는 의미가 아니라 판단할 때의 기준이 객관성과 원리원칙에 입각하는 것을 말한다. 감정형은 정서가 아니라 사람과 사람과의 관계를 중시해서 판단하는 것을 말한다. 이처럼 사고형은 객관적인 기준을 바탕으로 하여 정보를 비교 분석하고 논리적 결과를 바탕으로 하여 판단을 하기에 타인의 마음이나 감정을 소홀히 다룰 수 있다. 감정형은 객관적인 기준보다는 자기자신과 다른 사람들이 부여하는 가치를 중시하며 거기에 따라 판단을 한다. 따라서 친화적이고 조화로운 인간관계를 중시하며 원리원칙보다는 사람의 마음에 더 관심이 많다.

선호지표	사고형(Thinking)	감정형(Feeling)
설명	진실과 사실에 주관심을 갖고 논리적이고 분석적이며 객관적으로 판단한다.	사람과 관계에 주관심을 갖고 상황적이며 정상을 참작한 설명을 한다.
대표적 표현	• 진실, 사실에 주관심 • 원리와 원칙, 논거, 분석적 • 맞다, 틀리다 • 규범, 기준 중시 • 지적 논평	• 사람, 관계에 주관심 • 의미와 영향, 상황적, 포괄적 • 좋다, 나쁘다 • 나에게 주는 의미 중시 • 우호적 협조

(4) 이해양식/생활양식

판단(Judgement)과 인식(Perceive)은 생활양식이다. 판단형은 의사를 결정하고 종결짓고 활동을 꾸준히 하고 어떤 일이든 조직적이고 체계적으로 진행시키기를 선호하며, 의사결정을 할 때 정보를 얻으면 곧 판단하고 행동하는 경향이 있다. 따라서 판단형은 계획을 짜서 일을 추진하며, 미리 준비하는 편이다. 인식형은 다른 것을 더 인식하고자 하며 결정을 보류하며, 한꺼번에 많은 일을 하려는 경향이 있다.

선호지표	판단형(Judging)	인식형(Perceiving)
설명	분명한 목적과 방향이 있으며 기한을 엄수하고 철저히 사전계획하고 체계적이다.	목적과 방향은 변화가능하고 상황에 따라 일정이 달라지며 자율적이고 융통성이 있다.
대표적 표현	• 정리정돈과 계획 • 의지적 추진 • 신속한 결론 • 통제와 조정 • 분명한 목적의식과 방향감각 • 뚜렷한 기준과 자기의사	• 이해로 수용 • 유유자적한 과정 • 융통과 적응 • 목적과 방향은 변화할 수 있다는 개방성 • 재량에 따라 처리될 수 있는 포용성

3) MBTI 4가지 선호지표

네 가지 선호지표를 조합하여 만들어진 16가지 성격유형 도표는 MBTI를 효과적으로 이해하고 응용하는 기초가 된다.

메이어(Myers)와 브릭스(Briggs)가 고안한 이 도표는 생각이 많은 내향성은 도표의 위쪽 두 줄에, 적극적이고 활동적인 외향성은 도표의 아래쪽 두 줄에, 감각형은 도표의 왼쪽 두 줄에, 직관형은 도표의 오른쪽 2줄에 배치하였고, 분석적이고 논리적인 사고형은 도표의 왼편과 오른편에 배치하고, 관계지향적인 감정형은 도표의 중앙에 배치시켰다. 정리정돈을 잘하는 판단형은 도표의 아래위로 배치하고, 개방적이며 때로는 즉흥적인 인식형은 도표의 가운데로 모아놓았다.

실제 대학의 취업지원센터 및 학생상담센터에서는 다양한 표준화 검사도구 중 MBTI 검사를 실시하는데 검사결과 〈표 5-1〉의 유형도표처럼 16가지 성격유형 중 하나의 결과로 제시된다. 결과 활용은 사람들 간의 상호작용을 쉽게 이해할 수 있도록 해줌으로써 서로를 더 잘 알 수 있는 세상을 만드는 데 도움을 주고 있다. 하지만 절대로 검사결과로 제시된 특정 유형에 한정되어서는 안 된다. 모든 유형은 열등 기능 및 3차 기능 등을 개발할 수 있다는 것을 명심해야 한다. 단 시간이 필요할 뿐이다. 특정 유형이라고 해서 못한다는 것은 융의 심리유형이론에서는 적용이 안 된다.

표 5-1 MBTI 16가지 성격유형

ISTJ 세상의 소금형	ISFJ 임금뒷편의 권력형	INFJ 예언자형	INTJ 과학자형
ISTP 백과사전형	ISFP 성인군자형	INFP 잔다르크형	INTP 아이디어 뱅크형
ESTP 수완좋은 활동가형	ESFP 사교적인유형	ENFP 스파크형	ENTP 발명가형
ESTJ 사업가형	ESFJ 친선도모형	ENFJ 언변능숙형	ENTJ 지도자형

출처: 한국 MBTI 심리연구소

(1) ISTJ

① 대표 표현 : 세상의 소금, 완벽주의자

② 성격 특징 : ISTJ 선호경향이 있는 사람들은 매우 신뢰성이 있고, 사실에 대한

현실적이고 정확하며 실용적이며 책임감이 강한 성향이다. 또한 신중하고 조용하며 집중력이 강하고 매사에 철저하며 사리분별력이 뛰어나다. 위기 상황에 대처할 때에도 차분하며 안정되어 있다. 목표가 있으면 주위의 시선에 상관없이 꾸준히 추진한다. 보편적으로 한 번 시작한 일은 끝까지 해내는 사람들을 말하기도 하다. 하지만 사소한 것들에 집중하다가 본질적인 문제를 놓칠 수 있으니 전체적인 목적에 초점을 맞출 필요가 있다.

③ 강점 : • 지지하는 방향으로 일하는 것을 선호한다.
- 다른 사람들과의 협업도 하지만 혼자서 하는 일을 잘 한다.
- 의무나 규칙을 잘 지킨다.
- 정확성과 조직력이 뛰어나다.

④ 약점 : • 변화체계 적응이 어려울 수 있다.
- 경직된 방식을 사용하거나, 융통성이 부족할 수 있다.

(2) ISFJ

① 대표 표현 : 임금 뒤편의 권력형, 전통주의자, 보수주의자

② 성격 특징 : ISFJ 유형은 조용하고 차분하며 친근하고 책임감이 있으며 헌신적이다. 세부적이고 치밀성과 반복을 요하는 일을 끝까지 해 나가는 인내력이 높다. 다른 사람의 사정을 고려하며 자신과 타인의 감정에 민감하고, 일처리에 있어서 현실감각을 갖고 실제적이고 조직적으로 처리한다. 때로 의존적이고 독창성이 요구되며 타인에게 자신을 충분히 명확하게 표현하는 것이 필요할 때가 있다. 하지만 너무 현실적인 것에만 매달려서 사실의 이면이나 내포된 의미를 찾는 것을 소홀히 할 수 있다. 사실적이고 실제적인 일에 관심을 가질 필요가 있다.

③ 강점 : • 대인관계 원만하고 신중할 수 있다.
• 책임감이 강할 수 있다.
• 온정적이며 헌신적일 수 있다.

④ 약점 : • 자신들의 요구를 주장하지 않을 수 있다.
• 변화에 적응을 잘 하지 못할 수 있다.

(3) ISTP

① 대표 표현 : 백과사전형, 관망주의자, 모험가

② 성격 특징 : ISTP형을 선호하는 사람들은 논리적이고 뛰어난 상황적응력을 가지고 있는 사람들로서 조용하고 말이 없으며 분석적이고 객관적으로 인생을 관찰하는 유형이다. 가능한 한 에너지 소비를 하지 않으려 하며, 일과 관계되지 않는 이상 자신을 개방하지 않는 편이다. 사실적인 정보를 조직하기 좋아하며 기계를 만지거나 인과관계나 객관적 원리에 관심이 많다. 하지만 문제해결에 있어 가장 쉬운 방식을 택하고 자신의 노력을 게을리 할 수도 있기에 한 단계씩 계획을 세우고, 그 계획을 완성시키기 위해 노력하고, 인내력을 가지고 그 계획을 지켜나가는 것이 중요하다.

③ 강점 : • 손과 도구를 사용하는 일을 즐길 수 있다.
• 사실적인 정보조직을 좋아하기에 유용한 정보를 잘 사용할 수 있다.

④ 약점 : • 타인과의 소통에 관심이 없을 수 있다.
• 타인에게 신뢰받지 못할 수 있다.
• 추상적이고 복잡한 것을 어려워할 수 있다.

(4) ISFP

① 대표 표현 : 성인군자, 유유자적

② 성격 특징 : ISFP 형을 선호하는 사람들은 말 없이 다정하고 온화하며 친절하고 연기력이 뛰어나며 겸손하다. 말보다는 행동으로 따뜻함을 나타내며, 마음이 따뜻하고 동정적이다. 마치 양털안감을 넣은 오버코트처럼 속마음이 따뜻한 사람들이다. 그러나 상대방을 잘 알게 될 때까지 이 따뜻함을 잘 드러내지 않는 경향이 있다. 모든 성격 유형 중에서 가장 겸손하고 적응력과 관용성이 많다. 자신의 의견이나 가치를 타인에게 강요하지 않으며 반대의견이 있으면 충돌을 피하고, 인화를 중시한다.

③ 강점 :
- 변화를 수용하며 잘 적응할 수 있다.
- 자신의 일에 대한 선호에 따라 집중력이 뛰어날 수 있다.
- 직접 참여하는 것을 즐기며, 타인의 지시를 잘 따를 수 있다.

④ 약점 :
- 현실적이지 못하면 기회를 놓칠 수 있다.
- 부정적인 피드백을 개인적으로 받아들이는 경향이 있을 수 있다.
- 시간을 구조화하는 데 어려움을 겪을 수 있다.

(5) INFJ

① 대표 표현 : 예언자, 통찰력

② 성격 특징 : INFJ유형의 사람들은 인내심이 많고 창의력과 통찰력이 뛰어나며, 강한 직관력으로 타인과 의미 있고 진실된 관계를 추구한다. 또한 확고한 신념과 뚜렷한 원리원칙을 생활 속에 가지고 있으면서 공동의 이익을 위해 심혈을 기울인다. 인화와 동료애를 중시하는 경향으로 존경을 받는 정신적 지도자들이 이 유형에서 많이 나올 수 있다. 하지만 현실을 무시하면

서 이념에만 집착할 수 있으니 현실에 대해 개방적일 필요가 있다.

③ 강점 : • 문제에 대한 창조적 접근을 생각할 수 있다.
• 타인과의 조화를 촉진할 수 있다.

④ 약점 : • 융통성이 없고 외골수일 수 있다.
• 아이디어가 비현실적일 수 있다.

(6) INTJ

① 대표 표현 : 과학자, 모범생

② 성격 특징 : INTJ 유형은 행동과 사고에 있어 독창적이며 내적 신념과 비전이 강하다. 16가지 유형 중에서 가장 독립적이고 단호하며, 자신의 영감과 목적을 실현시키려는 의지와 결단력과 인내심이 강하다. 자신과 타인의 능력을 중요시하며, 직관력과 통찰력이 활용되는 분야에서 능력을 발휘하는 편이다. 하지만 자신과 타인의 감정이나 가치관을 소홀히 여겨 비판을 받을 수 있으니 다른 사람의 의견을 경청한다.

③ 강점 : • 창의적이며 지적인 도전을 즐길 수 있다.
• 이론적이며 논리적인 문제해결을 잘 할 수 있다.
• 혼자 일하는 것을 즐기며 상대방의 입장에 도움을 줄 수 있다.

④ 약점 : • 자신보다 덜 경쟁적인 사람에게 무관심할 수 있다.
• 너무 독립적이어서 상황 적응이 어려울 수 있다.
• 자신의 아이디어에 융통성이 없고 고집스러울 수 있다.

(7) INFP

① 대표 표현 : 잔다르크형, 이상주의자, 몽상가

② 성격 특징 : INFP유형은 내적 성실성과 이상, 깊은 감정과 부드러운 마음을 좀처럼 표현하지 않으나 조용하게 생활 속에서 배어 나온다. 그런 내적인 신의가 위협을 당하면 한치의 양보가 없다. 자신이 관계하는 일이나 사람에 대하여 책임감이 강하고 성실하며, 어떤 일에 깊이 관심을 가질 때 완벽주의 경향이 있다. 인간이해와 인간복지에 기여할 수 있는 일을 하기를 원한다. 하지만 자신의 내적 욕구에 관심이 집중되어 있어 타인의 이해가 부족해 보일 수도 있다. 따라서 좀 더 현실적이고 실제적일 필요가 있다.

③ 강점 :
- 의무나 규칙을 잘 지킬 수 있다.
- 믿고 즐거운 일을 할 때 영감을 얻을 수 있다.
- 조화로운 대인관계를 중요시 할 수 있다.

④ 약점 :
- 비현실적일 수 있다.
- 융통적, 개방적이지 않을 수 있다.

(8) INTP

① 대표 표현 : 아이디어 뱅크, 관조형

② 성격 특징 : INTP 선호경향이 있는 사람들은 조용하고 과묵하며 관심이 있는 분야에서는 말을 잘한다. 사람들을 중심으로 한 가치보다는 아이디어에 관심이 많으며 매우 분석적이고 논리적이며 객관적 비평을 잘한다. 때로는 어떤 아이디어에 몰입하여 주위에서 돌아가는 일에 관심이 없기도 하다. 이해가 빠르고 높은 직관력으로 통찰하는 재능과 지적 관심이 많으며, 객관적 비평을 잘한다. 하지만 지나치게 추상적이고 비현실적이며 사교성이 결여

되기 쉬운 경향으로 냉담하다거나 차갑다는 비난을 받을 수 있다. 따라서 타인과의 관계맺음에 개방적일 필요가 있다.

③ 강점 : • 탁월한 통찰력으로 문제를 해결할 수 있다.
• 창의적인 아이디어맨으로 인정받을 수 있다.
• 새로운 지식을 배우는 상황을 즐길 수 있다.
• 집중력이 뛰어나며 혼자서도 잘 할 수 있다.

④ 약점 : • 아이디어가 비현실적일 수 있다.
• 반복적인 것을 견디기 어려울 수도 있다.
• 타인의 감정, 욕구, 비판에 무관심할 수 있다.

(9) ESTP

① 대표 표현 : 수완 좋은 활동가, 호인호걸형

② 성격 특징 : ESTP 선호경향을 지닌 사람들은 현실적인 문제해결에 능하며 적응력이 강하고 관용적이다. 강한 현실감각으로 타협책을 모색하고 문제를 해결하는 능력이 뛰어나다. 순발력이 뛰어나며 많은 사실을 쉽게 기억하고, 예술적인 멋과 판단력을 지니고 있으며, 타협하고 적응하는 능력이 있다. 현실을 있는 그대로 보는 유형으로 현실적으로 야기되는 문제해결에 뛰어난 능력을 발휘하기도 한다. 하지만 지신의 임기응변이나 순간적인 기지를 지나치게 신뢰하여 문제해결의 시기를 놓칠 수 있으므로 사전에 충분히 계획할 필요가 있다.

③ 강점 : • 사실적인 정보 기억력이 뛰어나며 예리하고 헌신적일 수 있다.
• 다양한 사람과의 적응을 잘 할 수 있다.
• 타고난 촉진자일 수 있다.

④ 약점 : • 타인의 감정에 무감각할 수 있다.
• 행정적인 규칙을 힘들어할 수 있다.
• 마감기한 및 계획에 무책임할 수 있다.

(10) ESFP

① 대표 표현 : 사교형, 낙천주의자

② 성격 특징 : ESFP 유형은 사교적이고 활동적이며 수용적이고 친절하며 낙천적이다. 어떤 상황이든 잘 적응하며 수용력이 강하고 사교적이다. 주위에서 일어나는 일에 관심이 많으며 이론이나 책을 통해 배우기보다 경험 등의 실생활을 통해 배우는 것을 선호한다. 사람이나 사물을 다루는 사실적인 상식이 풍부하기에 어떤 공동체에나 밝고 재미있는 분위기를 조성하는 역할을 잘한다. 하지만 너무 사교적인 일에만 시간을 보낼 수 있으니 자신의 삶에 있어 우선순위를 결정할 필요가 있다.

③ 강점 : • 상식이 풍부하고 실제적이며 현실적일 수 있다.
• 변화와 다양성에 잘 적응할 수 있다.
• 어떤 조직이든 즐거운 분위기를 창조해 낼 수 있다.
• 탁월한 의사소통가일 수 있다.

④ 약점 : • 행동의 계획이 없을 수 있다.
• 혼자 일하는 데 어려움을 겪을 수 있다.
• 문장의 의미를 유추하는 데 어려움을 겪을 수 있다.

(11) ESTJ

① 대표 표현 : 사업가, 행정가, 관리자

② 성격 특징 : ESTJ 선호경향이 있는 사람들은 구체적이고 현실적이고 사실적이며 활동을 조직화하고 주도해 나가는 지도력이 있다. 타고난 지도자로서 일의 목표를 설정하고, 지시하고 결정하고 이행하는 능력이 있다. 분명한 규칙을 중요시하고 그에 따라 행동하고 일을 추진하고 완성해 나간다. 어떤 계획이나 결정을 내릴 때 확고한 사실에 바탕을 두고 이행한다. 대체로 결과를 확인할 수 있는 일을 즐기는 편이다. 하지만 이 유형은 속단 속결하는 경향과 지나치게 업무 위주로 사람을 대하는 경향이 있으므로 인간 중심의 가치와 타인의 감정을 충분히 고려해야 한다.

③ 강점 : • 현실적이고 결과중심적일 수 있다.
- 목표지향적일 수 있다.
- 객관적인 결정을 잘 할 수 있다.
- 집중력이 뛰어나며 인내력이 뛰어날 수 있다.

④ 약점 : • 비효율적인 것에 대해 참을성이 적을 수 있다.
- 미래의 가능성에 대해 관심이 적을 수 있다.
- 반대의견에 대해 무관심할 수 있다.

(12) ESFJ

① 대표 표현 : 친선도모, 현대판 현모양처

② 성격 특징 : ESFJ 유형은 동정심이 많고 다른 사람에게 관심을 쏟고 인화를 중시한다. 친절하고 재치가 있으며, 정리정돈을 잘하고 다른 사람을 잘 도와준다. 타고난 협력자로서 동료애가 많고 능동적이다. 이들은 타인의 의견에 대한 가치를 발견하는 데 재능이 있다. 심지어 이러한 의견들로 인해 갈등이 생길 때도 이들은 조화를 추구하고 관리, 조정할 수 있을 것이라는 신념이

있다. 하지만 지나치게 조화를 추구할 때나 타인과의 의견충돌이 두려워 문제를 피하려는 경향이 있다. 그들은 충돌을 통해 문제를 해결할 수 있다는 것을 인식할 필요가 있다.

③ 강점 : • 타인과 우호적이며 조화로운 관계를 추구할 수 있다.
• 양심적으로 최선을 다해 일할 수 있다.
• 규칙을 잘 지킬 수 있다.

④ 약점 : • 타인의 비판에 민감할 수 있다.
• 타인의 인정이 없으면 좌절할 수 있다.
• 독단적이고 완고할 수 있다.

(13) ENFP

① 대표 표현 : 스파크형, 멀티태스킹

② 성격 특징 : ENFP 유형은 따뜻하고 정열적이고 활기에 넘치며 재능이 많고 상상력이 풍부하며 항상 새로운 가능성을 찾고 시도하는 형이다. 문제해결에 재빠르고 관심 있는 일은 솔선수범하며 다른 사람들을 잘 다루고 뛰어난 통찰력으로 도움을 준다. 통찰력과 창의력이 요구되지 않는 일에는 흥미를 느끼지 못하고 열성을 불러일으키지 못한다. 따라서 주어진 상황에서 실제로 필요한 것이 무엇인지 관심을 기울여야 한다.

③ 강점 : • 타인의 능력 및 재능을 발견해 줄 수 있다.
• ENFP 유형의 사람들이 흥미 있는 것은 성공할 수 있다.
• 솔선수범으로 타인에게 동기부여를 할 수 있다.

④ 약점 : • 마무리에 어려움이 있을 수 있다.
• 반복적인 일을 선호하지 않을 수 있다.

- 선호하지 않은 일에 쉽게 지루해 할 수 있다.

(14) ENTP

① 대표 표현 : 발명가, 문제해결사, 넘치는 에너지

② 성격 특징 : ENTP 유형은 독창적인 혁신가이며, 창의력이 풍부하고 새로운 일을 시도하는 솔선력이 강하며 논리적이다. 새로운 문제나 복잡한 문제에 해결 능력이 뛰어나며 넓은 안목을 가지고 있으며 다방면에 재능이 있다. 그러나 일상적이고 세부적인 일을 경시하고 태만하기 쉽다. 즉, 새로운 도전이 없는 일에는 흥미가 없으며, 타인의 성과나 의견을 무시하는 경우가 있으며, 타인의 도전에 경쟁심을 강하게 느껴서 충돌하는 경우도 있다. 따라서 이들은 결론을 내리기 전에 섣부르게 판단하지 말고 타인들의 의견과 자료들을 모으는 방법과 그들의 근거를 정확히 이해할 필요가 있다.

③ 강점 :
- 임기응변 능력 및 독창성을 문제해결하는 데 이용할 수 있다.
- 남을 즐겁게 하거나 동기부여로 영향을 미칠 수 있다.
- 신뢰롭고 그들이 원하는 것은 다 할 수 있다.

④ 약점 :
- 규칙적이며 구조화된 방법으로 일하는 것을 힘들어할 수 있다.
- 디테일한 일을 어려워 할 수 있다.
- 일상적이고 세부적인 일은 태만하기 쉬울 수 있다.
- 새로운 도전이 없는 분야의 일에는 큰 흥미가 없을 수 있다.

(15) ENFJ

① 대표 표현 : 언변 능숙형, 영향력

② 성격 특징 : ENFJ 유형은 따뜻하고 적극적이며 책임감이 강하고 사교성이

풍부하고 동정심이 많다. 사람들과의 인화를 중요시 여기며, 다른 사람의 의견을 존중하고 그 가치를 볼 수 있다. 즉 타인의 성장을 도모하고 협동하는 특징을 갖고 있을 수 있다. 또한 공동의 선(善)을 위해서는 대체로 상대방 의견에 동의하는 경향이 있다. 하지만 때로 다른 사람들의 좋은 점을 지나치게 이상화하고 맹목적 충성을 보이는 경향이 있으며 다른 사람들에 대해서도 자기와 같을 것이라고 생각하는 경향이 있다. 따라서 일을 수행할 때는 논리적인 결과를 생각하고, 현실에 대해 관심을 기울일 필요가 있다.

③ 강점 : • 조화를 증진시켜 협동을 추구할 수 있다.
• 집단의 결정을 리드해 갈 수 있다.
• 결정적이고 조직적이며 체계적일 수 있다.

④ 약점 : • 속전속결 성향일 수 있다.
• 부정적인 피드백 및 비판을 개인적으로 받아들일 수 있다.
• 사람을 이상화하려는 경향일 수 있다.

(16) ENTJ

① 대표 표현 : 지도자, 개혁가

② 성격 특징 : ENTJ 유형은 열성이 많고 솔직하고 단호하고 지도력과 통솔력이 있다. 활동적이며 행정적인 일과 장기계획을 선호하며 논리적이고 분석적이다. 지식에 대한 욕구와 관심이 많으며 특히 지적인 자극을 주는 새로운 아이디어에 높은 관심을 가진다. 계획적으로 조직하고 체계적으로 목적 달성을 추진시키는 지도자들이 많다. 하지만 자신의 계획에 따라 일이 진행되지 않을 경우 인내심을 잃을 수 있다. 따라서 이 유형의 사람들은 자신이 선택한 방식보다 더욱 좋은 방식이 있을 수 있다는 것을 이해해야 한다.

③ 강점 : • 비전을 제시하는 지도자일 수 있다.
• 정직하고 솔직하며 야망이 있을 수 있다.
• 문제해결사이며, 논리적인 결정을 내릴 수 있다.

④ 약점 : • 속전속결로 세심한 부분을 간과할 수 있다.
• 다른 사람과의 협업에 힘들어할 수 있다.

2 홀랜드(Holland)의 흥미 탐색

1) 이론적 배경

홀랜드(John L. Holland)는 개인과 환경 간의 적합성을 바탕으로 직업 흥미검사를 개발하였다. 홀랜드는 미국의 존스홉킨스대학(Johns Hopkins University)에서 심리학 연구를 해온 사람이다.

홀랜드는 인간의 직업선택은 개인의 성격이 반영되어 있으며, 같은 직업을 가진 사람들은 개인적인 특성 및 문제를 해결하는 방법에서 유사성을 가지고 있다고 보았고, 타인과의 관계맺음에 있어서 그들만의 방법을 구성한다고 주장하였다.

홀랜드는 개인들의 직업에 대한 만족 및 성과에 대해 개인의 성격과 직업의 환경과의 일치성 여부에 달려 있다. 즉, 개인의 흥미유형이 직업영역의 유형과 일치할 때 직업에서의 만족도 및 성과가 높아진다. 따라서 같은 직업군의 구성원들은 공통적으로 가지고 있는 특성이 있다고 보았다.

홀랜드는 자신의 이론에서 4가지 주요가정을 제시하고 있다.

첫째, 대부분의 사람은 6가지 성격유형(RIASEC) 중의 하나로 분류될 수 있다.

둘째, 환경에도 6가지 환경유형(RIASEC)이 있다.

셋째, 사람들은 자신의 기술과 능력을 발휘하고 태도와 가치를 표현하며 이런 특징들에 부합되는 문제와 역할을 수행할 수 있는 환경을 찾는다.

넷째, 행동은 성격과 환경의 상호작용에 의해 결정된다.

2) 홀랜드 여섯 가지 성격유형

홀랜드는 직업적 흥미유형을 여섯 가지로 제시하고 있다. 즉 현실형(Realistic), 탐구형(Investigative), 예술형(Artistic), 사회형(Social), 진취형(Enterprising), 관습형(Conventional)으로 분류하여 설명하고 RIASEC 유형이라 부르기도 한다.

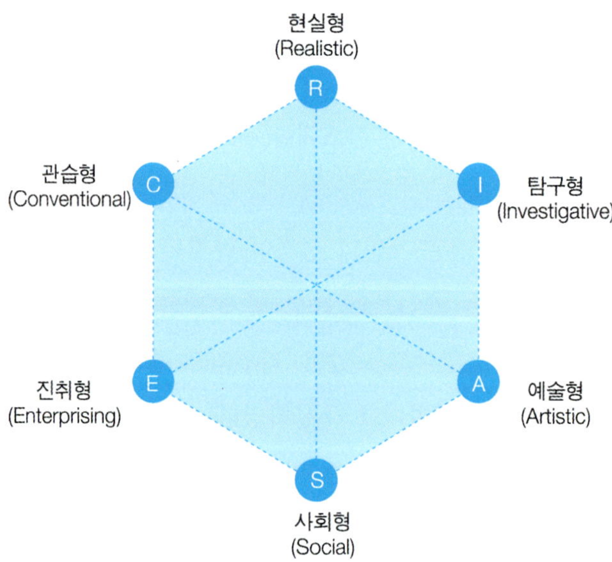

(1) 현실형

현실형(realistic)은 신뢰하고 정서적으로 안정된 것을 선호하며 실용적이고 검소하며 인내력이 있고 소박한 것을 좋아하는 가치와 신념을 갖고 있다. 현실형의 선호환경은 사물을 가지고 일하는 능력이 다른 사람과 상호작용하는 것보다 신체적 민첩성이나 힘을 요구하는 환경이며, 연장, 기계, 측정기구 등을 사용(운전, 동물사용 포함)하기를 선호한다.

현실형의 선호성격은 취미나 직업에서 도구, 기계사용을 즐기며, 실질적인 과정을 좋아하고 기계와 신체기술을 사용하여 가르치는 것을 좋아한다. 더불어 현실적인 문제해결방법으로 접근하기를 선호한다. 대표적 직업군으로 경찰관, 소방사, 운동선수, 농부, 기술자 등이 있다.

(2) 탐구형

탐구형(inverstigative)은 독립적이고 내향적이며 분석적이고 창조적이며 비관습적인 가치와 신념을 갖고 있다. 따라서 탐구형이 선호하는 환경은 사람들이 수학적, 과학적 흥미와 능력을 통해 문제해결책을 찾으려고 하는 환경이며, 창의적으로 문제를 해결하기 위해 복잡하고 추상적인 사고를 사용할 수 있는 환경을 선호한다.

탐구형의 선호성격은 독립적으로 일하는 것을 즐기며, 지적 능력이 요구되는 퍼즐과 도전을 즐기는 경향이 있으며, 다른 사람을 관리하거나 개인적인 문제를 직접적으로 다루는 것을 좋아하지는 않지만 심리적 문제에 대해 해결책을 생각하고 분석하는 것을 즐긴다. 한편 현실형과의 차이점은 기계 조립과 수리가 현실형이라면 논리로써 설명하고 분석하여 문제를 해결하려는 것이 탐구형이다. 대표적인 직업으로는 의사, 과학자, 수학자 등이 있다.

(3) 예술형

예술형(artistic)은 독립적이고 비관습적이며 자기표현에 직관적이고 정서적이며 심미적 일에 가치와 신념을 갖고 있다. 따라서 예술형이 선호하는 환경으로는 자유롭고 개방적이며 창의성과 개인적인 표현을 북돋아주는 환경이며, 자신을 표현하는 것에 창의적이며 인습적이지 않다. 예술형에게 도구는 일의 환경을 위한 것이 아니며 자신을 표현하는 것으로 사용된다.

예술형의 선호성격은 자유롭고 틀에 얽매이지 않는 방법으로 표현하는 기회를 좋아하며, 창조적인 활동을 할 때 흥분이 되는 유형이며, 다른 사람과 같지 않음을 보여주기 위해 유머나 다른 표현 방법을 자주 사용한다. 또한 표현이 분명하지 않고 무질서하게 보일 수 있으며 진로에 관해 논의할 때 감정에 의존하는 경향이 있고 선택과정을 논리적이기보다는 감정적인 과정으로 보는 경향이 있다. 대표적인 직업군으로 예술가, 화가, 무용가, 작가, 배우, 무용가, 무대감독 등을 들 수 있다.

(4) 사회형

사회형(social)은 인간주의적이고 관대하며 친절하고 이상적이며, 다른 사람의 복지에 대해 관심을 갖는다. 또한 재치 있고 협조적이며, 타인에 대한 통찰력을 발휘하는 가치와 신념을 갖고 있다. 사회형이 선호하는 환경은 유연성이 있고 서로를 이해하는 것을 격려하는 환경으로 타인에게 정신적 영향을 끼치며 사회적으로 책임감 있는 사람이 되어 다른 사람과 함께 일하는 환경, 즉 타인의 정신적, 사회적, 신체적, 직업적 문제에 대한 관심과 대인접촉을 중요하게 여기는 환경을 선호한다. 결과적으로 언어적이고 사회적인 기술을 사용하는 환경을 선호한다.

사회형이 선호하는 성격은 타인을 돕고 봉사하는 데 흥미가 있으며, 팀워크로 문제해결하기를 좋아한다. 종교, 정치, 사회봉사를 통해 타인에게 자신의 이상을 표현하며, 좀 더 나은 사회를 위한 공헌에 관심이 있다. 대표적 직업군으로 교사, 사회복지사, 성직자, 간호사, 종교지도사, 상담자 등이 있다.

(5) 진취형

진취형(enterprising)은 경쟁적이어서 야망 있으며, 사교적, 낙천적이며 적극적인 모험을 좋아하는 가치와 신념을 갖고 있다. 진취형이 선호하는 환경은 다른 사람을 관리하고 설득해서 조직 또는 개인의 목표를 달성하게 하는 환경을 선호한다. 더불어 재정과 경제적 이슈들이 이들에게는 중요하며 보상을 받기 위해 모험도 감수하는 환경을 선호한다. 이러한 환경은 권력과 지위, 부를 얻는 기회를 제공하기도 한다.

진취형이 선호하는 성격은 타인을 설득하고 지도하기 위해 언어적 기술을 사용하며 자기 주장도 강하다. 이들은 사람들과 일하기를 좋아하지만 도움을 주기보다 설득하고 경영하는 것을 더 좋아한다. 대표적 직업군으로는 기업경영인, 관리자, 정치가, 기자, 판사, 영업사원 등이다.

(6) 관습형

관습형(conventional)은 진지하고 인내심이 있고 실용적이며, 보수적이고 질서정연하며 체계적이고 절제하는 가치와 신념을 갖고 있다. 관습형이 선호하는 환경은 대부분 사무실 환경으로 기록보관, 서류관리, 복사, 보고서를 정리할 필요가 있는 환경이다. 이들의 필요능력은 사무기술, 조직화 능력, 확실성, 지시를 따르는 능력이 요구된다. 또한 체계적, 반복적이고 주의집중력이 요구되며, 정확하고 세밀하며 짧은 시간에 많은 일을 할 수 있는 환경을 선호한다.

관습형이 선호하는 성격은 돈과 신뢰성, 규칙이나 명령을 따르는 능력에 가치를 두는 사람으로, 상황의 통제하에 있는 것을 좋아하고 애매한 요구를 다루는 것을 좋아하지 않는다. 또한 이들은 돈을 벌고 규칙과 규제지침을 따르는 것을 선호한다. 그리고 타인과의 관계는 업무 수행을 위해 맺고 문제에 대한 조직적인 접근을 하는 경향이 있다. 대표 직업군으로 공인회계사, 세무사, 은행원, 감사원 등이 있다.

홀랜드는 육각형 모형의 3가지 기능을 설명하고 있다.

첫째, 개인의 흥미에 있어 가장 선호되는 유형과 그 다음 선호되는 유형 간에 관계를 표시해 주어 일관성의 정도를 명확하게 한다.

둘째, 환경에서도 가장 선호되는 유형과 그 다음 선호되는 유형 간의 관계를 명확하게 보여줌으써 환경에서도 일관성 정도를 알려준다.

셋째, 개인 유형과 환경 유형 사이의 거리를 비교해 주어서 개인과 환경 간의 일치되는 정도를 분명하게 해준다.

3) 홀랜드 구성개념

홀랜드는 이론을 타당화하기 위해 4가지의 구성개념을 제시하였다. 4가지의 구성개념은 일관성(서로 다른 유형 간의 관계), 변별성(유형 간의 상대적 중요도), 일치성(성격과 환경 간의 관계), 정체성이다.

(1) 일관성(Consistency)

일관성은 성격유형들 간 혹은 환경유형들 간에 이루어지는 관계의 정도를 의미한다. 즉, 육각형 모형에서 이웃유형(R–I, I–A, A–S 등등)끼리는 가장 일관도가 높고 흥미나 성격특성의 관련성도 높다고 본다. 유형이 하나씩 건너뛴 유형들은 중간 정도의 일관도를 나타낸다고 하며, 대칭선상에 있으면 가장 일관성도 낮다고 보는 것을 말한다.

(2) 변별성(Differentiation)

변별성은 개인의 흥미를 정의하는 정도를 설명하는 데 적절하다. 즉 개인의 성격유형이 어떤 유형과는 유사하고 다른 유형과는 유사하지 않을 경우 변별성이 높다고 볼 수 있으며, 개인이나 환경이 몇 가지 유형에서 유사한 정도를 나타낸다면 변별성이 낮다고 할 수 있다.

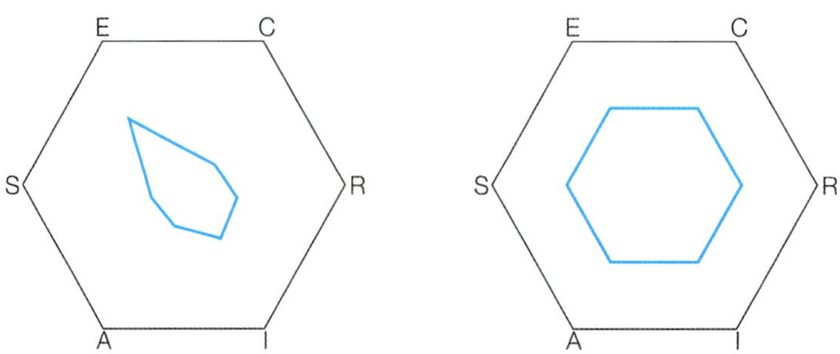

변별력이 높음　　　변별력이 낮음

(3) 일치성(Congruence)

일치성은 개인의 성격유형과 환경유형 간의 일치 정도를 의미한다. 즉, 성격유형과 일치하는 환경 속에서는 자신이 좋아하는 행동을 표현하지만, 일치하지 않으면 부적응과 갈등을 나타내기 쉽다. 직장에서는 상사에게 인정받지 못하는 행동들을 하는 경향이 있을 수 있으며 동료와의 갈등과 직무만족도가 낮게 나타날 수 있다. 예를 들면, RIASEC 유형에서 R형인 사람이 R형의 직업활동을 하면 일치도가 높게 나타나는 반면에 S형 직업에서 활동하게 되면 부적응 형태로 나타날 가능성이 높기 때문에 일치도는 낮다고 할 수 있다.

(4) 정체성(Identity)

홀랜드 이론 중 가장 최근에 첨가된 개념으로 개인에게 있어서 정체성이란 개인의 목표, 흥미, 재능에 대한 명확하고 견고한 청사진을 말하고, 환경에 있어서 정체성이란 조직의 투명성, 안정성, 목표, 일 보상의 통합이라고 규정된다. 개인과 환경 두 가지를 설명할 때 모두 사용된다. 즉 개인목표와 직업환경의 안정성 및 확실성을 말한다. 따라서 정체성인 개인의 진로발달에 중요한 목표가 된다.

앞서 설명한 홀랜드의 4가지 구성개념은 개인의 직업적응결과를 예측하는 데 매우 유용하다. 즉 일치성 및 변별성, 일관성, 정체성이 높은 개인은 일치성, 변별성, 일관성, 정체성이 낮은 개인보다 좀 더 만족하고 잘 적응한다고 예측할 수 있다.

3 적용 및 실제

1) MBTI로 성격유형 찾기

※ 문장을 읽고 좀 더 선호하는 문장에 ✓해보자.

A		B	
1. 다양한 활동을 선호하는 편이다.		1. 한 가지 일에 집중하는 편이다.	
2. 밖에서 행동하기를 좋아하는 편이다.		2. 실내에 있기를 좋아한다.	
3. 말을 많이 하는 편이다.		3. 말을 적게 하는 편이다.	
4. 말 중간에 잘 끼어드는 편이다.		4. 말을 끝까지 잘 듣는 편이다.	
5. 성급하다는 말을 자주 듣는 편이다.		5. 침착하다는 말을 듣는 편이다.	
6. 감정을 솔직하게 표현하는 편이다.		6. 속마음을 잘 드러내지 않는 편이다.	
7. 폭넓게 친구를 사귀는 편이다.		7. 소수의 친한 친구를 사귀는 편이다.	
8. 사람들과 만나는 것을 즐기는 편이다.		8. 조용히 사고하며 에너지 충전한다.	
9. 활동적인 취미를 즐기는 편이다.		9. 조용한 취미를 즐기는 편이다.	
E : 총 개수 ( )		I : 총 개수 ( )	

A		B	
10. 경험에 의존하는 편이다.		10. 아이디어에 의존하는 편이다.	
11. 현실적인 편이다.		11. 미래지향적인 편이다.	
12. 확인된 사실을 중요시 하는 편이다.		12. 애매해도 참신한 것을 선호한다.	
13. 세부적인 것을 따지는 편이다.		13. 앞으로의 가능성을 중요시 한다.	
14. 실효성이 높은 것을 선호하는 편이다.		14. 종합적인 큰 그림을 보는 편이다.	
15. 확실한 자료를 믿는 편이다.		15. 좋은 명분이 있는 것을 선호한다.	
16. 정보수집 시 오감에 의존한다. (시각, 청각, 후각, 촉각, 미각)		16. 정보수집 시 육감에 의존한다. (통찰적 사고)	
17. 현상에 대한 개선을 선호하는 편이다.		17. 혁신적인 변화를 선호하는 편이다.	
18. 기능적 실용성을 먼저 보는 편이다.		18. 디자인을 먼저 보는 편이다.	
S : 총 개수 ( )		N : 총 개수 ( )	

A		B	
19. 원칙대로 하는 편이다.		19. 조화를 생각해서 하는 편이다.	
20. 내 주장대로 하는 편이다.		20. 상대방 입장을 고려하는 편이다.	
21. 일 위주로 하는 편이다.		21. 관계된 사람 위주로 하는 편이다.	
22. 엄격하게 하는 편이다.		22. 상황에 따라 조정하는 편이다.	
23. 냉철한 이성으로 판단하는 편이다.		23. 내가 공감한 대로 판단한다.	
24. 냉철하다는 말을 듣는 편이다.		24. 마음이 따스하다는 말을 듣는다.	
25. 따질 것은 따지는 편이다.		25. 가능하면 좋게 생각하는 편이다.	
26. 빨리 하는 편이다.		26. 여유를 가지는 편이다.	
27. 결과를 중요하게 여기는 편이다.		27. 과정을 중요하게 여기는 편이다.	
T : 총 개수 ( )		F : 총 개수 ( )	

A		B	
28. 사전에 계획하는 편이다.		28. 일단 해가면서 계획하는 편이다.	
29. 계획대로 하는 편이다.		29. 상황에 따라 유연하게 한다.	
30. 끝맺음을 잘하는 편이다.		30. 일을 잘 벌이는 편이다.	
31. 계획이 짜여 있어야 마음이 편하다.		31. 계획이 없어야 마음이 편하다.	
32. 계획한 것에만 집중하는 편이다.		32. 계획 없이 상황에 따라 행동한다..	
33. 깔끔하게 정돈해 놓고 지낸다.		33. 정리정돈을 뒤로 미룬다.	
34. 결론을 잘 내리는 편이다.		34. 아이디어를 잘 받아들이는 편이다	
35. 정해진 것은 미루지 않는 편이다.		35. 미루기도 잘 하는 편이다.	
36. 목표가 분면한 편이다.		36. 목표를 상황에 따라 바꾼다.	
J : 총 개수 ( )		P : 총 개수 ( )	

❀ 나의 선호유형을 기록해 보자.

나의 선호유형	E / I	S / N	T / F	J / P

참고 : 본 검사는 타당도 및 신뢰도를 입증할 수 없기에 정밀한 검사를 원할 경우 한국 MBTI연구소(http://www.mbti.co.kr)를 통해 성격유형 검사를 받는 것이 바람직하다.

2) 홀랜드 직업흥미검사

※ 주어진 내용을 읽고 해당되는 문항에 √표시하세요. 단 각 문항당 1점을 주어 합계를 비교하시오.

(1) 직업을 선택하는 데 있어 중요시하는 가치가 있다면 √ 하시오.

유형구분	문항	점수	비고
현실형 (R)	몸을 움직이면서 하는 일을 중시한다.		
	손을 사용하는 일이 좋다.		
	기준에 정확하게 맞추어 하는 일을 좋아한다.		
	직업의 결과를 보고 선택한다.		
	바깥에서 하는 일을 선택한다.		
탐구형 (I)	내가 스스로 조직해서 하는 일을 좋아한다.		
	내가 가진 지식으로 인정받을 수 있는 일을 선택한다.		
	해당 분야에 새로운 지적 정보를 부여할 수 있는 일을 선택한다.		
	수준 높은 기술을 발휘할 수 있는 일을 선택한다.		
	복잡하고 어려운 직업을 선택한다.		
예술형 (A)	아이디어를 표현하고 글로 쓰는 일을 선택한다.		
	나의 독창성을 표현하는 데 자유로운 일을 선택한다.		
	학문 혹은 예술과 관련된 일을 선택한다.		
	새로운 아이디어나 프로그램 등을 창조해 낼 수 있는 일을 우선시한다.		
	내 삶과 라이프스타일에 개인적 자유를 지닐 수 있는 일을 선택한다.		
사회형 (S)	타인을 직접적으로 돕는 일을 좋아한다.		
	세상의 복지에 기여할 수 있는 일을 선택한다.		
	내가 하는 일로 세상이 변화될 수 있는 일을 우선시한다		
	자기개발의 기회가 있는 직업을 선택한다.		
	타인과 공동의 목표를 갖고 일할 수 있는 일을 선택한다.		
진취형 (E)	누구보다도 빠르게 앞서 나갈 수 있다.		
	결정을 주도하는 지위에 있을 수 있는 일을 중시한다.		
	높은 수준의 삶을 살 수 있는 것을 중시한다.		
	타인의 행동에 영향력을 미칠 수 있는 일을 선택한다.		
	타인에게 강한 인상을 주고, 존경받고, 지위가 있는 일을 선택한다.		
관습형 (C)	책임을 지고 의무를 다할 수 있는 일을 중시한다.		
	세세한 주의가 필요한 일을 완수하는 일을 선택한다.		
	안정적인 직장에서 일할 수 있는 일을 선택한다.		
	업무가 분명한 일을 선택한다.		
	규칙적으로 일하고 일정량의 일을 할 수 있는 직업을 선택한다.		

(2) 자신이 잘 할 수 있는 능력에 대해 서술한 단어나 문장이 있는 항목을 찾아 √ 하시오.

유형구분	문항	점수	비고
현실형 (R)	운동을 잘하고 신체를 잘 조절하며 민첩하다.		
	사물이나 구조를 만들고 배열하는 것을 잘한다.		
	숙련된 손재구가 있거나 기구를 다루는 데 능숙하다.		
	자동차나 기계, 전자제품을 잘 다룬다.		
	기계나 장비를 잘 다루고 고치는 일을 잘한다.		
	자연 속에서 일하는 농림, 수산업의 일을 잘한다.		
탐구형 (I)	논리적이고, 분석적이고, 점검하고, 문제를 해결한다.		
	생각하고, 적용하고, 발전시키고, 가설을 세우고 발견한다.		
	가치를 평가하고, 테스트하고, 진단하고, 검증한다.		
	관찰하고, 숙고하고, 공부하고 인지한다.		
	관련문헌을 읽고, 연구하고, 조사한다.		
	종합하고, 통합하고, 아이디어를 생산한다.		
예술형 (A)	웃기고, 신나게 하고, 노래하고, 춤추고, 연기한다.		
	직관적으로 인지하고, 감각적으로 느끼고, 통찰력을 보여준다.		
	사진을 찍고, 장식하고, 그림을 그리고, 조각하는 예술적 능력을 사용한다.		
	상상하고, 아이디어를 창출해내고 설계하는 창의력을 사용한다.		
	노래하고 작곡하고, 악기를 다루는 음악적 능력을 사용한다.		
	글을 쓰고, 편집하고 번역하고 통역하고 비평한다.		
사회형 (S)	타인을 돌보고, 치유하고, 봉사하며, 재활할 수 있게 한다.		
	타인을 상담해 주고 코치해 주고 안내해 주고 이야기를 들어준다.		
	모임을 주최하고 타인을 편안하게 해주고 따뜻하게 접대한다.		
	사회적이고 오락적인 집단 이벤트를 계획한다.		
	문제를 해결하고 사람을 중재하고 연락을 취한다.		
	집단을 가르치고 훈련시키고 설명한다.		
진취형 (E)	일에 있어서 목표와 우선순위를 정하고 계획하고 결정한다.		
	충고하고 상담해 주고 조정하고 영향력을 미친다.		
	일의 시작에 앞서고 참가하고 변화를 만든다.		
	사람을 지시하고 관리하고 감독하고 동기를 부여한다.		
	상대와 협상하고 믿음을 주고 촉진시키고 설득한다.		
	대중 앞에서 연설하고 토론하고 지지하고 설명한다.		
관습형 (C)	숫자와 관련한 데이터를 계산하고 예산을 짜고 조직화한다.		
	세부사항을 다루고 복사하고 점검하고 고쳐 쓴다.		
	숫자를 계산하고 어림잡고 비교하고 기록한다.		
	수리적인 정보를 예측하고 평가하고 견적을 낸다.		
	실행하고 모니터하고 조정하고 처리하고 계획한다.		
	정보를 구성하고 항목별로 정리하여 묶고 업데이트하고 정돈한다.		

구 분	현실형	탐구형	예술형	사회형	진취형	관습형
가 치						
기 술						
총 점						

출처: 조성연 · 문미란 · 송선희(2012). 진로 솔루션 워크북. 서울: 학지사

3) 표준화 검사를 통해 나타난 나의 특성

※ 표준화 검사를 통해 나타난 나의 특성들을 정리해 보자.

1. MBTI 심리검사로 본 나의 특성

나의 MBTI유형	
주요특성	

2. HOLLAND 심리검사로 본 나의 특성

나의 흥미유형	
주요특성	

3. 심리검사의 공통점 찾기

나의 공통점 찾기	
소견	

제 06 장 강점을 활용한 자아인식

최근의 심리학은 인간이 갖고 있는 약점이나 부정적 측면에 관심을 두기보다는 긍정적 강점에 집중하고 있다. 이것은 빠르게 변화하는 사회 환경에서 탄력적이고 변화지향적인 인재로 성장시키기 위해 자신이 갖고 있는 강점에 집중해야 하기 때문이다. 더불어 기업입장에서도 조직구성원의 직무열의를 높여 조직에 효율적인 업무성과와 더불어 자신감을 갖게 하여 높은 직무만족과 조직 몰을 갖게 하기 위함이다.

그러므로, 미래의 직업인으로서 자신의 능력, 특성 등을 이해하고 목표 성취를 위해서는 자신의 강점을 적절하게 활용하는 것이 중요하기 때문이다. 이때 일에서 만족도를 높이기 위해서는 자신의 대표 강점(signature strength)을 찾는 것이 중요하다.

만약 검사의 대표 강점이 친절이라고 가정해 본다면 검사는 매우 높은 연봉을 받는 고소득 전문직 종사자라 할지라도 자신의 대표 강점을 발현하지 못하기 때문에 업무의 효율성이 저하될 것이다. 따라서 자신의 능력을 발휘할 수 있는 부분을 의식적으로 찾아 자신의 대표 강점을 발휘하는 것이 중요하다(http://www. viastrengths.org: VIA SURVEY테스트).

1 강점과 미덕의 개념

긍정심리학의 행복과 웰빙이 무엇인지 이해하려면, 개인의 강점이 무엇인지 알아야 한다. 개인의 강점을 발휘하여 행복을 얻을 때, 그 사람은 참된 삶을 누리게 된다. 강점은 순간적으로 일어나는 마음의 상태, 즉 감정과는 다르다. 강점은 시간이 흐르고 환경이 바뀌어도 반복적으로 일어나는 개인의 특성이다. 이 특성은 부정적일 수도 긍정적일 수도 있는데, 강점과 미덕은 좋은 느낌과 희열감을 자아내는 긍정적 특성이다.

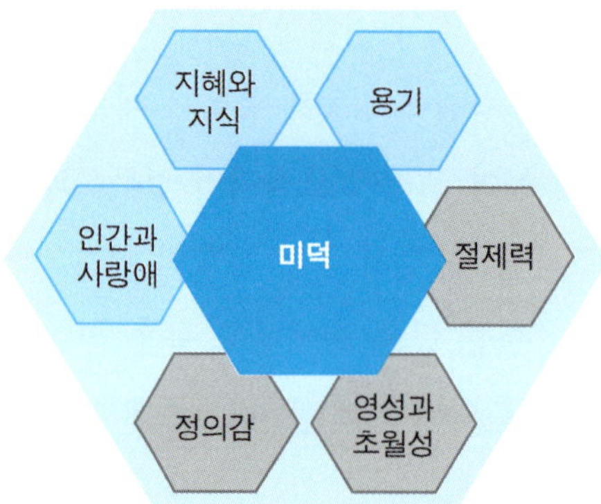

강점과 미덕은 3000년 전부터 지금까지 전 세계적으로 가장 많이 전해온 6가지 덕목과 과학적으로 측정 가능한 24가지 강점으로 만들어졌다. 여기서 '여섯 가지 미덕'이란 세계의 주요 종교나 철학에 관한 저술들에서 공통적인 미덕을 정리한 다음, 세계 모든 문화권에서 인정하는 공통적인 미덕을 정리한 것으로, 지혜와 지식, 용기, 사랑과 인간애, 정의감, 절제력, 영성과 초월성을 말한다.

이 여섯 가지 미덕은 저마다 그 미덕을 함양하는 확실한 방법들이 있다. 그 미덕을 함양하기 위한 실천을 '24가지 성격강점'이라 부른다. 추상적인 미덕과는 달리 강점은 측정하고 평가할 수 있다.

강점 및 미덕과 재능·능력은 다르다. 재능과 능력은 강점에 비해 좀 더 선천적으로 타고나는 것이며, 환경에 의해 변화되기도 어렵고 구체적 성과에 의해서 가치를 지닌다. 하지만 강점은 '그 자체로서 가치'가 있으며, 대개 좋은 결과를 낳는다. 강점과 미덕은 흔히 윈-윈 게임을 유도하며, 강점을 발휘하는 사람은 긍정적인 정서를 느끼게 된다. 구체적으로 설명하면 정직, 창의성, 용감성, 친절 등의 강점은 절대음감, 미모, 신장 등의 재능과는 다르다. 강점과 재능은 모두 긍정심리학의 주제이고 비슷한 점도 많지만, 한 가지 두드러진 차이는 강점은 도덕적 특성이 있지만 재능에는 도덕적 특성이 없다는 사실이다(우문식, 2014). 또한 개발의 가능성에 있어서도 강점은 기초가 약해도 노력을 통해 얼마든지 개발할 수 있지만 재능은 선천적인 특성이 훨씬 커서 개발이 어렵다. 또한 강점은 자율의지에 따라 강화되지만 재능은 기계적이며 수동적으로 습득한다.

대표 강점은 성격강점 중에서 개인의 특성을 가장 잘 반영하며 주로 사용되는 강점을 말한다. 셀리그만(Seligman)은 누구나 2~5가지 대표 강점을 지니고 있다고 주장한다. 피터슨(Peterson)은 대표 강점의 특성을 〈그림 6-1〉과 같이 표현하고 있다.

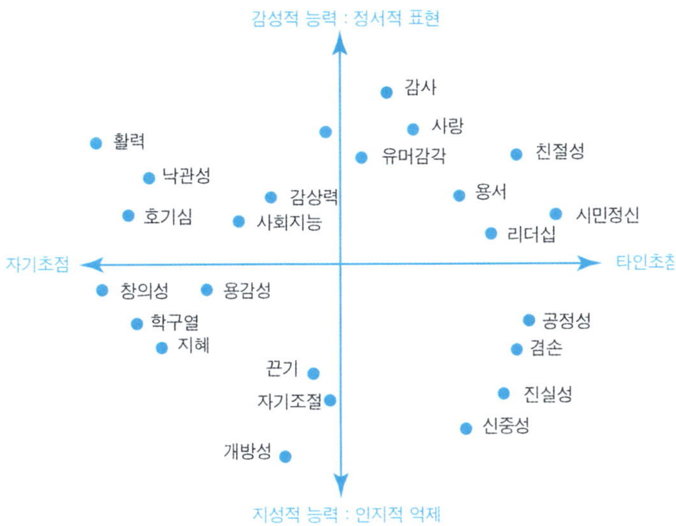

■ 그림 6-1 **성격적 강점들에 대한 원형모델**(Peterson, 2006)

피터슨과 셀리그만에 따르면 대표 강점은 다음과 같은 특징을 지닌다.

① 자신의 진정한 본연의 모습("이게 바로 나야")이라는 느낌을 준다.
② 강점을 발휘할 때(특히, 처음에 발휘할 때) 유쾌한 흥분감을 느끼게 된다.
③ 강점과 관련된 일을 배우거나 연습할 때 빠른 학습 속도가 나타난다.
④ 강점을 발휘할 수 있는 새로운 방법을 지속적으로 찾게 된다.
⑤ 강점과 일치되는 방향으로 행동하고 싶은 열망을 느낀다.
⑥ 강점을 사용할 수밖에 없다는 느낌, 즉 그러한 강점의 표현을 멈추거나 억제할 수 없는 듯한 느낌을 느낀다.

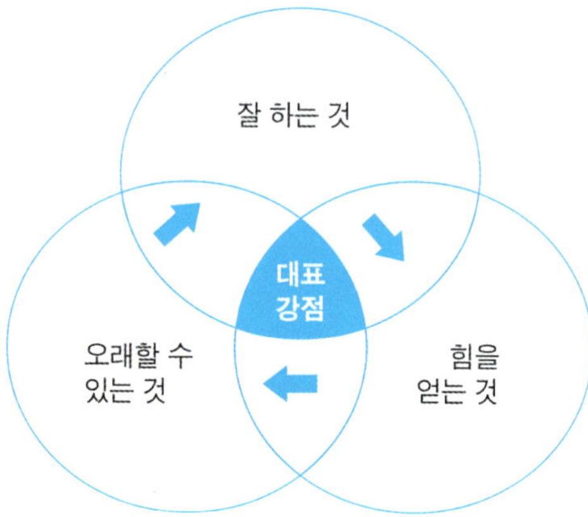

⑦ 강점은 자신의 잠재능력이 드디어 발현되어 나타나는 것처럼 느낀다.
⑧ 강점을 활용할 때는 소진감보다 의욕과 활기가 넘치게 된다.
⑨ 강점과 관련된 중요한 일들을 만들어 내고 추구하게 된다.
⑩ 강점을 사용하고자 하는 내재적 동기를 지닌다.

이러한 대표 강점의 특징을 살펴보면, 개인의 직업적 성취나 자기개발 및 자아실현 등 인생의 중요한 과업을 실행해 가는 데 있어서 대표 강점을 발휘하는 방향으로 행동하는 것이 매우 중요함을 제시할 수 있다.

2 6가지 미덕과 24가지 강점

궁정 심리학자들의 누적된 노력 끝에 심리적 강점과 덕목에 대한 분류체계가 비교적 최근에 개발되었는데, VIA(Virtues in Action) 분류체계가 그것이다〈그림 6-2〉.

클리프턴(Clifton)에 의해 시작, 피터슨과 셀리그만에 의해 확장된 VIA는 6개의 핵심덕목 아래 24개의 강점을 분류하고 있다. VIA 연구진들은 다양한 시대와 문화에서 소중하게 여겨졌던 수십 개의 강점들을 추출하여 10가지 기준에 따라 VIA의 강점으로 채택하였는데, 그 10가지 기준은 다음과 같다.

① 보편성 : 강점은 다양한 문화에서 긍정적 덕목으로 여겨지고 있는가?
② 행복공헌도 : 강점은 다양한 긍정적 행동과 성취를 촉진함으로써 자신과 다른 사람의 행복에 기여하는가?
③ 도덕성 : 강점은 그 자체로 도덕적 가치를 지니는가?
④ 타인에의 영향 : 강점이 한 사람에 의해서 표현될 경우, 다른 사람에게 부정적인 영향을 미치지는 않는가?
⑤ 반대말의 부정성 : 강점의 반대말이 확실히 부정적인 것으로 간주되는가?
⑥ 측정 가능성 : 강점은 측정될 수 있도록 개인의 행동(생각, 감정, 행위)으로 표출되는 것인가? 또한 안정성을 나타내는가?
⑦ 특수성 : 강점은 다른 강점들과 잘 구별되는가? 다른 강점들로 분해될 수 있는 것은 아닌가?
⑧ 모범의 존재 : 강점은 모범적 인물에 의해서 구체화될 수 있는가?
⑨ 결핍자의 존재 : 강점이 현저하게 부족한 사람들이 존재하는가?
⑩ 풍습과 제도 : 사회는 강점을 육성하기 위한 풍습 및 제도를 지니고 있는가?

지혜와 지식	용기	사랑과 인간애	정의감	절제력	영성과 초월성
1. 창의성	6. 용감성	10. 사 랑	13. 시민의식	16. 용 서	20. 감상력
2. 호기심	7. 끈 기	11. 친 절	14. 공정성	17. 겸 손	21. 감 사
3. 판단력	8. 정 직	12. 사회성	15. 지도력	18. 신중함	22. 희 망
4. 학구열	9. 열 정			19. 자기통제력	23. 유 머
5. 예견력					24. 영 성

그림 6-2 6가지 미덕과 24가지 대표 강점

VIA분류체계를 바탕으로 한 6가지 미덕과 24가지 강점들을 자세하게 살펴보자.

1) 지혜와 지식

첫 번째 미덕은 지혜와 지식이다. 이는 더 나은 삶을 위해서 지식을 습득하고 활용하는 것과 관련된 인지적 강점이며, 철학자들은 지혜와 이성을 다른 덕목을 구현하는 최상의 덕목으로 간주하고 있다. 이러한 강점들은 삶에서의 지혜로운 판단과 대인관계, 지적인 성취를 돕는 강점들이다.

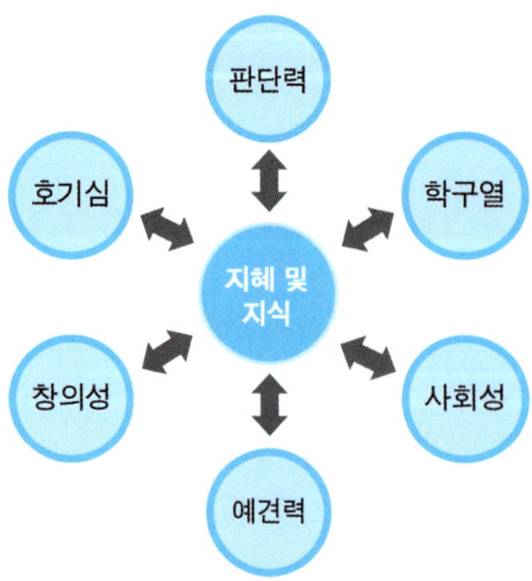

(1) 창의성(creativity)

독창적이고 적응적인 생각과 행동을 만들어 내는 개인적인 특성을 의미한다. 창의적인 사람은 새롭고 생산적인 방식으로 생각하는 능력, 참신한 사고와 생산적인 행동방식을 나타낸다. 창의성은 그 작용 범위에 있어서 일상적 창의성과 위대한 창의성으로 구분한다. 일상적 창의성은 일상적인 문제들을 독창적으로 해결하는 능력을 의미하며, 위대한 창의성은 뛰어난 과학자나 예술가들이 나타내는 놀라운 독창성을 뜻하며 그 영향력이 광범위하다. 하지만 여기서 말하는 창의성은 세상이치에 밝은 실천적 지능과 상식도 포함한다.

(2) 호기심

세상에 대한 관심이다. 이는 새로운 정보, 지식, 경험을 얻고자 하는 욕구로서 탐색적인 행동을 유발하는 심리적 성향을 의미한다. 새로운 것에 대한 적극적인 관심이기에 현재의 모든 경험과 현상에 대해서 흥미를 느끼는 능력을 말하며, 새로운 경험과 학습을 촉진하며, 내재적인 만족과 성취를 이루게 한다. 이러한 특성을 가진 대표적인 인물로는 콜럼버스와 헬렌 켈러를 비롯한 수많은 과학자 및 탐험가들이 있다.

(3) 판단력

비판적 사고와 개방성을 의미한다. 판단력은 자신에 대한 비판적 성찰 및 타인에게 도움이 될 만한 정보를 객관적이고 합리적으로 판단할 줄 아는 능력이다. 따라서 판단력은 사물이나 현상을 다양한 측면에서 철저하게 생각하고 검토하는 능력을 말한다.

(4) 학구열

새로운 기술, 주제, 지식을 배우고 숙달하려는 동기와 능력을 말한다. 정신적이나 물질적으로 외적 보상이 없을 때에도 그 분야에 대해 깊이 있게 알고 싶어하는 욕구이다. 이 강점은 알고 있는 지식에 머무르지 않고 타인에게 가르치는 것도 좋아한다. 학구열이 뛰어났던 인물로는 문법책을 빌리기 위해 30여 킬로미터를 걸어 도서관을 다녔었던 에이브러햄 링컨, 대학 설립에 커다란 기여를 한 벤저민 프랭클린 등을 말할 수 있다.

학구열을 증진하기 위한 프로그램은 소속감, 유능감, 긍정 감정을 경험하려는 학생들의 욕구를 잘 다루어 주어야 하며, 학구열을 유지하기 위해서는 좌절을 잘 견딜 수 있도록 지원하는 것이 요구된다(권석만, 2008).

⑤ 예견력

지혜에 가장 가까운 강점으로 세상의 이치를 정확히 아는 능력을 의미한다. 또한 사물이나 현상을 전체적인 관점에서 생각하고 다른 사람에게 현명한 조언을 해줄 수 있는 능력이다.

지혜의 강점을 대표하는 인물의 예로 예수, 붓다, 노자와 같은 종교적인 지도자나 윈스턴 처칠과 같은 정치인들을 들고 있다.

현대의 심리학자들은 대부분 지혜와 관련해서 다음과 같은 내용에 동의한다.

지혜(wisdom)는

- 지능과는 다른 것으로서 뛰어난 수준의 지식과 판단 및 조언능력을 의미한다.
- 인생의 의미는 무엇이며 어떻게 살아야 하는가 하는 어렵고도 중요한 물음에 대해서 현명한 대답을 지니게 한다.
- 자신 또는 다른 사람의 행복을 위해 유익하게 활용될 수 있는 덕목이다.

2) 용기

내적, 외적 난관에 직면하더라도 추구하는 목표를 성취하고자 하는 의지를 실천하는 강점들이다. 이는 목표의 성공 여부에 확신이 없을지라도 목표를 위해 의지를 발휘하는 힘을 말한다. 용감성, 끈기, 정직이 여기에 포함된다.

(1) 용감성

위협, 도전, 난관, 고통으로부터 위축되지 않고 이를 극복하려는 능력이다. 저항이 있더라도 무엇이 옳은지 이야기하고 인기가 없을지라도 신념에 따라 행동하는 것을 말한다. 용감성은 개인적인 두려움 및 어려움과 당당히 마주하는 능력이며 두려움 및 어려움에 도전함으로써 용기를 보여줄 수 있다.

(2) 끈기

근면성 및 성실성, 인내를 말한다. 즉 어떤 장애물이 있더라도 시작한 일을 마무리하여 완성하는 능력이다. 이 강점은 목표와 관련된 일련의 계획된 행동을 지속하거나 목표를 성취하는 과정에서 기쁨을 느끼는 것을 말한다.

(3) 정직

진실성과 진정성을 대변하는 강점이다. 진실을 말하고자 자신을 진실한 방식으로 제시하는 능력이다. 자신을 거짓 없이 드러내고 행동이나 감정을 수용하고 책임지는 것을 말한다. 즉, 언행일치와 관련 있다.

3) 사랑과 인간애

다른 사람과의 관계에 관심을 갖고 보살필 때 생기는 긍정적 특징과 관련된 미덕이다. 이는 일대일 관계에서 나타나는 개인적인 사회적 강점이다. 가족, 친구, 직장 동료, 낯선 사람까지의 따뜻한 관계도 포함한다. 이 미덕에는 친절, 사랑, 사회성이 있다.

(1) 친절

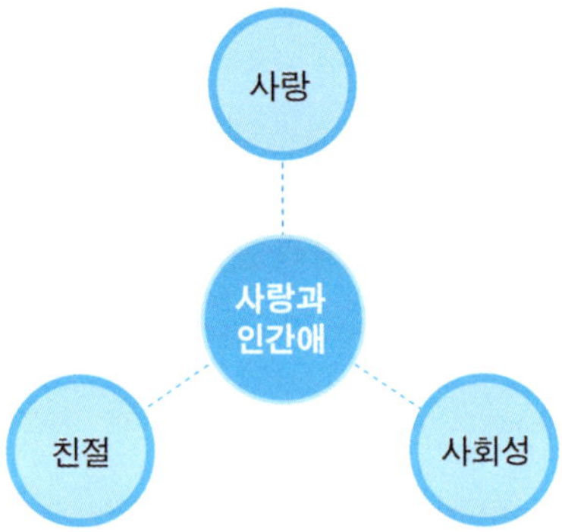

다른 사람을 위해 호의를 보이고 선한 행동을 하려는 동기와 실천력, 다른 사람을 돕고 보살피는 행동을 의미한다. 친절성은 이타적 사랑(altruistic love), 관대성(generosity), 양육(nurturance), 보살핌(care), 연민(compassion) 등과 밀접하게 관련이 있으며, 자신의 이익에 상관없이 다른 사람에게 호의를 베푸는 태도를 말한다. 친절성을 촉진하는 요인으로서는 크게 공감, 도덕적 추론, 사회적 책임감이라는 세 가지 요인과 밀접한 관계가 있다. 공감(empathy)은 다른 사람의 정서상태를 느낄 수 있는 능력을 의미한다. 도덕적 추론능력이 정교하게 발달된 사람일수록 다른 사람에 대한 이타적 행동을 더 많이 나타낸다고 알려져 있다. 사회적 책임감이 강한 사람은 다른 사람들에 대해서 개인적인 윤리적 책임을 지닌다고 믿는 경향이 있음을 말한다.

(2) 사랑

다른 사람과의 친밀한 관계를 형성하고 실천하는 능력을 의미한다. 사랑은 다른 사람에게 애정을 느끼고 표현할 뿐만 아니라 사랑을 받아들임으로써 애착관계를 형성하고 안정적으로 유지할 수 있는 능력이다. 자신에게 중요한 사람에게 따뜻함과 불쌍히 여기는 마음을 드러내기도 한다.

(3) 사회성

타인과의 관계에 강점이 있으며, 어떻게 하면 사람들을 설득할 수 있는지 안다. 상황판단능력이 뛰어나 자신은 물론 타인의 동기유발할 수 있는 능력이다. 주변 분위기에 잘 흡수되며 다양한 사회적 상황에서 적절하게 처신하는 것을 아는 능력이다.

4) 정의감

건강한 공동체 생활과 관련된 사회적 강점, 개인과 집단 간의 상호작용을 건강하게 만드는 것에 해당하는 덕목이다. 사랑과 인간에 관련된 강점은 일대일 관계에서 나타나는 개인적인 사회적 강점인 반면, 정의와 관련된 강점들은 다수의 타인들을 대상으로 가족, 지역, 사회, 국가와 같은 큰 사회관계에서 발휘되는 사회적 강점이다. 이 덕목에는 시민정신, 공정성, 지도력이 해당된다.

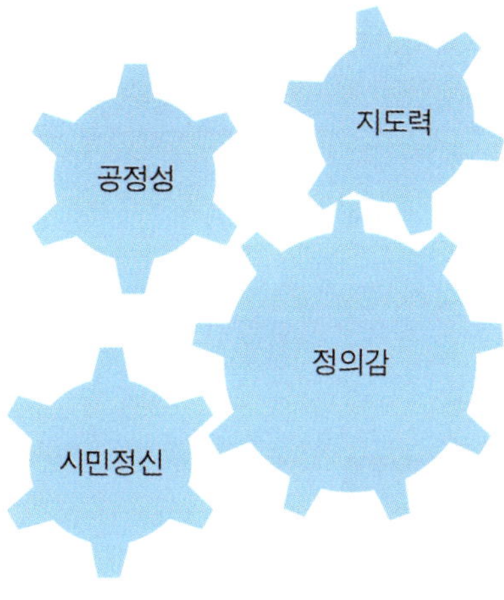

(1) 시민정신

자신이 속한 집단의 이익을 추구하고자 하는 책임의식을 가지고 있으며, 집단 구성원으로서 소속감과 공동체의식을 지니며, 집단 전체의 발전과 번영을 위해서 최선을 다해 노력하려는 자발적인 태도를 취한다. 자신이 속한 집단에 대한 애착과 충성심을 지니며 집단의 발전을 위해 헌신적으로 노력한다.

(2) 공정성

모든 사람을 동등하게 대하는 태도, 즉 사적인 감정이나 편견으로 인한 치우침 없이 모든 사람에게 공평한 기회를 주고 동일한 규칙에 따라 대하는 태도를 뜻한다. 그러나 구체적인 상황에서 무엇이 정의롭고 공정한 행동인지를 판단하는 것은 쉬운 일이 아니다. 하지만 도덕적 딜레마 문제가 대두되었을 때 다른 시각에서 문제를 바라보는 것이 탁월할 수도 있다.

(3) 지도력(리더십)

조직 안에서 리더로서의 역할을 할 때가 많으며 타인의 행동에 영향력을 미친다. 집단 활동을 조직화하고 그런 활동이 진행되는 것을 파악하여 관리하는 능력이 있으며, 비전을 제시하고 가치를 부여하며 목표가 달성될 수 있는 환경을 창출하기도 한다.

5) 절제력

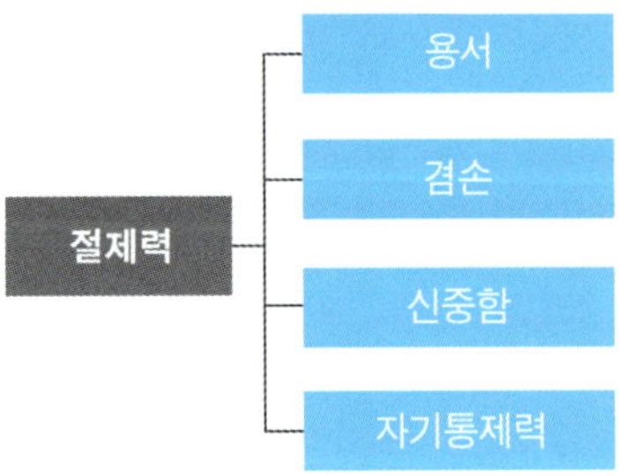

지나침으로부터 보호해 주는 긍정적 특질들로서 독단에 빠지지 않는 중용적인 미덕이다. 여기에는 용서, 겸손, 신중함, 자기통제력의 강점이 있다. 겸손은 교만으로부터, 자기통제력은 극단적인 감정적 동요로부터, 신중성은 단기적 쾌락으로부터 자신을 보호한다.

(1) 용서

용서는 부당하게 상처를 입힌 사람에 대해서 분노, 부정적 판단, 무관심한 행동을 버리고 연민, 관대함을 갖는 것이다. 용서는 정신적 및 신체적으로 상처를 입힌 타인에 대해 개인의 내적인 긍정적인 변화를 표현하는 것이다.

(2) 겸손

자신의 장점이나 성취에 대해서 절제된 평가를 하는 일반적 태도를 의미하며 우리를 교만으로부터 보호하는 절제의 덕목이다(Peterson & Seligman, 2004). 다시 말하면 자신의 성취나 업적을 떠벌이지 않고, 세인의 주목을 구하지 않으며, 스스로를 특권적인 존재로 생각하지 않는 것이다. 즉 자신이 이루어 낸 성취에 대해서 과장된 허세를 부리지 않는 태도를 말한다.

(3) 자기통제력

지향하는 목표나 기준에 도달하기 위해서 자신의 다양한 감정, 욕구, 행동을 적절하게 잘 조절하고 통제할 수 있는 능력을 의미한다. 자기통제는 내면적인 충동을 억제하는 능력일 뿐만 아니라 적절한 행동을 하도록 추진하는 능력이기도 하다. 자기통제능력이 결여된 상태는 '통제 불능, 충동성, 맹렬함, 과격함, 무절제함'으로 지칭되며 부정적인 의미를 함축한다.

(4) 신중성

선택을 조심스럽게 함으로써 불필요한 위험을 초래하지 않으며 나중에 후회할 만한 일을 말하거나 행하지 않는 능력을 말한다. 신중성은 아무런 활동도 하지 않는 마비 상태가 아니라 현명한 방식으로 목표를 이루기 위해 언행을 절제하는 강점이다. 신중성의 강점은 성실성과 관련이 있으며 자기 주장, 따뜻한 대인관계, 통찰력과 관계가 있다.

6) 영성과 초월성

현상과 행위에 대해 의미를 부여하고 커다란 세계인 우주와의 연결성을 추구하는 영적 강점이다. 여기서 초월성이란 더 크고 더 영원한 것에 닿는 정서적 강점이다. 여기에는 감상력, 감사, 희망, 영성, 유머감각 등이 있다.

(1) 감상력

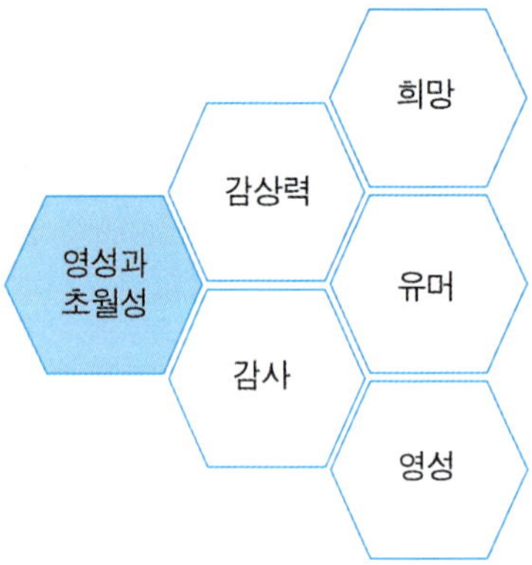

다양한 삶의 영역에서 나타나는 아름다움, 수월성, 뛰어난 수행을 인식하고 평가하는 능력을 말한다. 즉 아름다움과 탁월함에 대한 인식능력이다. 감상력을 통해서 긍정적 감정을 느끼게 되는 대상은 크게 네 가지로 나눌 수 있다. 첫째, 산, 바다, 하늘, 노을, 나무, 꽃 등과 같은 자연세계의 물리적인 아름다움이다. 둘째, 미술, 음악, 무용, 문학 등과 같은 예술적인 작품이나 행위로부터 느끼는 아름다움이다. 셋째, 학술적 이론을 설명하는 발표, 운동선수의 기량 등 지식이나 기술의 탁월성에 대한 감동적 경험에서 오는 아름다움이다. 넷째, 인간의 선한 행위나 미덕에 대해 느끼는 도덕적 아름다움이다. 이러한 다양한 삶의 장면에서 접할 수 있는 미적 요소를 민감하게 포착하고 그로부터 긍정 정서를 경험하도록 돕는다.

(2) 감사

자신에게 베풀어진 다른 사람의 수고와 배려를 인식하고 고마움을 느낄 뿐만 아니라 그에 보답하려는 개인적 성향을 의미한다. 즉 좋은 일을 잘 알아차리고 그에 대해 감사하는 태도를 말한다. 또한 감사는 하나의 정서로써, 경이로움과 고마움을 느끼며 삶 자세를 감상하는 정신상태이다.

(3) 희망

미래에 대해서 긍정적인 기대와 희망을 지니고 삶을 영위하는 태도를 의미하며 최선을 예상하고 그것을 성취하기 위해 노력하는 태도를 말한다. 희망을 지닌 사람들은 자신이 소망하는 일들이 미래에 잘 실현될 수 있다는 기대를 지니고 살아간다. 따라서 이들은 긍정 정서와 자신감을 지닐 뿐만 아니라 목표 달성을 위해서 활기차고 적극적인 행동을 하게 된다. 희망은 주관적 안녕뿐만 아니라 사회적 성공에 기여하는 긍정적인 성품으로 여겨지고 있다.

(4) 유머감각

유머감각은 웃음을 유발하거나 즐거움을 제공하는 능력을 말한다. 달리 말하면, 인생의 역설적인 측면을 예리하게 포착하여 즐기면서 다른 사람들을 웃게 만드는 능력을 의미한다. 유머감각은 자신의 인생을 즐겁고 유쾌하게 만들 뿐만 아니라 주변 사람들을 즐겁게 만듦으로써 친화적인 인간관계를 촉진한다. 또한 유머는 인생의 고난과 역경을 좀 더 의연하고 즐거운 태도로 극복하도록 돕는다.

(5) 영성

영성은 인생의 초월적 측면에 대한 관심과 믿음 그리고 수행노력을 의미한다. 즉 인생의 궁극적 목적과 의미에 대한 일관성 있는 신념을 가지고 살아가는 태도를 말한다. 영성은 인간의 삶에 있어서 목적의식은 물론 방향성을 제시한다. 또한 역경을 이겨낼 수 있는 심리적 강인함을 얻을 수 있고 인생과 세상에 대한 다양한 의문을 해소하는 데에도 도움을 준다.

3 적용 및 실제

1) 강점검사 및 정리

※ 강점검사는 www.viacharacter.org 공식 홈페이지에서 이루어진다.

STEP 1	전체 검사는 1~120개의 문항으로 이루어져 있다. 검사 시작 전 먼저 검사자의 기본 정보를 입력해야 한다. 입력 후 아래의 [Register] 버튼을 클릭한다
STEP 2	기본정보 입력 후 VIA강점검사 기본 안내문구가 보이고 [Take Survey] 버튼을 클릭하면 실제 검사를 시작하는 화면이 활성화된다.
STEP 3	검사결과를 활용하여 활동을 진행한다. 가장 상위 강점 5가지, 중간 및 하위 강점을 나누어 아래의 그림에 post-it으로 정리한다.
STEP 4	같은 강점끼리 그룹을 구성하여 강점의 특징 및 사례 공유를 한다.

제 07 장 자기 브랜드화

1 자기 브랜드의 개념

자기 브랜드는 개인에 대해 특유의 이미지를 형성하게 한다. 개인에 대한 브랜드는 자신을 알리는 것이라는 단순 개념에서 벗어나, 다른 사람과 차별화된 개인의 특징을 밝힌다는 개념으로 접근해야 한다. 따라서 '자기 브랜드'는 자신만의 경쟁력을 부각시키기 위한 지속적인 자기개발 과정을 의미한다.

최근 들어 현대사회가 경쟁구조로 정착되며 '자기 브랜드'의 중요성은 더욱 높아지고 있다. 자기개발을 넘어, 이름만 대면 떠오르는 자신만의 이미지를 하나의 브랜드로 만들고 알리는 시대가 도래되었다. 브랜드는 기업에만 해당되는 것이 아니다. 자기 브랜드라고 해서 연예인이나 기업 CEO 등 유명인에게 국한된 것은 더더욱 아니다.

이처럼 퍼스널 브랜드는 무한경쟁시대에서 한 개인의 경쟁 우위를 결정하는 중요한 요소로 자리 잡았다. 그렇다 보니 자기 브랜드는 개인의 재능 및 전문적인 능력 그리고 남과 나를 구별할 수 있는 핵심 가치가 되었다. 이른바 핵심 인재는 이런 자기 브랜드를 성공적으로 구축해, 그 가치를 높게 평가받고 있다.

즉, 자기 브랜드는 마치 뛰어난 품질의 명품 브랜드 제품이 많은 소비자로부터 신뢰를 얻고 또 그들의 생활에 가치를 높이는 데 기여하는 것과 같은 의미가 있다. 이런 관점에서 볼 때, '명품 인재'는 자기 브랜드를 구축해 기업이 요구하는 능력을 발휘하는 것이라 할 수 있다. 이는 곧 기업의 성과 창출로 이어진다. 자기 브랜드가 곧 경쟁력이라는 개념을 창출한 것이다. 자기관리를 끊임없이 수행할 때 비로소 자기 브랜드를 완성할 수 있으며 나아가 브랜드 이미지를 더욱 향상시킬 수 있다.

따라서 자신을 브랜드화하기 위해서는 자기개발이 선행되어야 한다. 예를 들어, 내가 만족할 만한 상품을 만들어야 다른 사람에게 적극적으로 추천을 할 수 있듯이 자기 브랜드를 남들 앞에 당당히 내놓으려면 스스로 만족할 만한 노력을 기울여야 하는 것이다.

2 자기 브랜드화 전략

1) 자기 브랜드 전략

(1) 자기 브랜드 론칭

자신의 브랜드를 완성했다면 이제 론칭(launching)하라. 현대사회는 직장을 선택하는 것이 아니라, 직업을 선택하는 사회다. '나'라는 존재는 직장인이 아니라, '프로 직업인'임을 명심해야 한다. 따라서 강점을 부각시킬 수 있는 자기만의 분야를 선택해 자기만의 강력한 무기를 개발하기 위해 노력해야 한다. 그 분야에서 유일한 사람! 이것이 브랜드 론칭시 가장 핵심이 되는 것이다.

(2) 자기 브랜드 PR

훌륭한 제품을 만들었다면 반드시 소비자들에게 알려야 한다. 그렇지 않으면 소비자들은 그 제품의 효용성을 알 수 없다. 이와 마찬가지로, 치열한 경쟁사회에서 '나'라는 브랜드는 차별성이 있어야 한다. 그러나 그 차별성을 적극적으로 드러내지 않으면 아무도 모른다.

(3) 자기 브랜드를 탄탄하게 통련하기 위한 투자

어느 한 분야의 '고수'로 인정받을 때, 수많은 경쟁자 중에서 선택받을 수 있다. 자신이 담당하고 있는 업무만큼은 다른 이들이 달려와 조언을 구할 만큼 깊고 많은 지식을 갖추고 있어야 한다는 말이다. 이는 직장에서 성공하는 사람들의 공통점이다. 이들에게는 학문적인 지식은 물론 자신이 경험한 다양한 사례를 기반으로 한 심층적인 연구 등 살아 숨 쉬는 노하우가 풍부하다.

2) 자기 브랜드의 차별성 요건

자기 브랜드에 차별성을 심어 주기 위해서는 사랑받는 브랜드의 조건을 먼저 파악해야 한다. 그래야만 자기 브랜드화를 위한 전략을 완벽하게 수립할 수 있다. 삼성경제연구소의 2006년 4월 보고서를 통해 알 수 있듯, 친근감, 열정, 책임감은 사랑받는 브랜드의 요건으로 인식되고 있다.

(1) 친근감(Intimacy)

자기 브랜드에 친근감을 주어 오랫동안 관계를 유지한 브랜드처럼 친숙한 느낌으로 다가가야 한다. 따라서 자신의 내면 관리를 통해 긍정적인 마인드를 정립하는 등 다른 사람과의 관계를 개선하고 유지하기 위해 노력해야 한다. 또한 자기 브랜드를 다른 사람에게 알려 친근감을 심어 줄 수 있도록 지속적인 PR을 해야 한다.

(2) 열정(Passion)

그 브랜드를 갖거나 사용하고 싶다는 동기를 유발하는 욕구가 바로 열정이다. 따라서 차별성으로 무장해 다른 사람들이 자기 브랜드를 통해 자신을 찾도록 해야 한다. 그러기 위해서는 먼저 시대를 앞서 나가는 게 무엇보다 중요하다. 다른 사람과 구별되는 능력을 끊임없이 개발하는 것이 차별성을 갖기 위한 유일한 방법이다.

(3) 책임감(Commitment)

소비자가 브랜드와 긴밀한 관계를 유지하겠다는 약속이 바로 책임감이다. 이때 지속적인 소비를 유도하기 위해 소비자에게 신뢰감을 주어야 한다. 이와 마찬가지로, 자기 브랜드에 책임감을 나타내기 위해서는 우선 무엇을 할 수 있는지를 명확하게 파악하는 것이 시급하다. 그런 다음 그 속에서 생산성을 높이기 위한 최상의 노력을 기울여야 한다. 또한 장단기 계획 수립, 시간 약속 엄수 등 자기개발을 위한 지속적인 노력이 필요하다.

3) 자기 브랜드 PR 방법

자기개발을 통해 능력이 신장되고 또 다른 사람과의 차별성도 갖추었는가? 그러면 이제부터는 적극적인 PR을 해야 한다. 그래야만 다른 사람들이 자기 브랜드를 알 수 있다. 특히, 기업이 원하는 인재가 바로 '나'임을 각인시켜야 한다.

다음과 같은 전략을 통해 자신의 브랜드를 알려 보자.

첫째, SNS를 이용하라. SNS는 이제 사람들에게 직접적으로 다가갈 수 있는 친숙한 수단이 되었다. 최근에는 개인은 물론 기업도 SNS를 통해 PR을 하는 추세다. 각 기업의 인사 담당자들에 의하면, 인사 채용 과정에서 입사 지원자의 SNS나 블로그를 참고하기도 한다는 것을 알 수 있다. 블로그나 SNS를 통해 자신의 실무 지식은 물론 업무 경험, 성과물 등을 직접 연결할 수 있다. 특히, 형식의 제약이 없기 때문에 자신을 자유롭게 표현할 수 있다는 것은 대단한 매력이다. 또한 전문 기술, 비용 등이 별도로 필요하지 않아 편리하게 이용할 수 있다는 장점이 있다.

둘째, 인적 네트워크를 활용한다. 대부분의 사람은 누군가를 신뢰하게 되면 그 사람의 말을 비판 없이 수용한다. 따라서 인간관계를 잘 유지해, 자신에 대해 긍정적인 말을 전할 수 있는 적극적인 지지자를 확보·관리할 필요가 있다.

이를 위해 동호회에 가입하는 등 평소보다 다양한 인적 네트워크를 형성할 필요가 있다.

셋째, 자신만의 명함을 만들어라. 명함에도 변신이 필요하다. 명함은 자신의 얼굴이자 강력한 마케팅 도구가 된다. 현대인들은 매일매일 수많은 사람과 만나며 명함을 주고받는다. 그 사람들이 자신의 명함을 받아 기억하고 간직하게 만들어야 한다. 최근 명함을 받아보면, 사진은 물론 컬러를 입혔는가 하면 재질에 있어서도 다양성을 시도하는 등 전형적인 틀에서 벗어났다는 것을 알 수 있다.

넷째, 경력 포트폴리오를 만들어라. 인간관계 형성, 자기개발에 따른 노력 등을 담아 경력 포트폴리오를 만들어야 한다. 그러면 다른 사람들에게 자신의 전문성과 차별성을 효과적으로 알릴 수 있다. 자신을 효과적으로 PR할 수 있음은 물론 경력을 체계적으로 관리하는 데 많은 도움이 될 수 있다. 이때 이미지나 그래픽 등으로 구성하면 더욱 효과적이다. 그리고 꾸준히 업데이트하라.

3 자기 브랜드 실천

1) 자기 브랜드 만드는 방법

자기 브랜드를 구축하는 방법으로 다음과 같이 제시한다.

첫째, 자신을 확실히 알도록 하자. 내가 좋아하는 일, 내가 싫어하는 일, 나만의 장점과 단점에 대해 진지하게 고민해 봐야 한다. 성공적인 삶의 조건은 자신이 좋아하고 잘할 수 있는 일을 찾아내어 평생의 직업과 조화를 이룰 수 있는 연결 고리를 찾는 것이다.

둘째, 미래를 준비하도록 하자. 사람은 항상 10년을 내다보고 살아야 한다. '내가 원하는 삶은 어떤 것인가?', '나는 무엇을 잘할 수 있는가?', '나는 어떤 일을 좋아하는가?' 스스로 질문하고, 이에 대해 성실히 탐색해 봐야 한다.

셋째, 자신의 '전문 서비스'를 만들어 낼 기초를 쌓자. 대학이나 대학원은 삶의 기초가 되지만 그게 전부는 아니다. 명문 대학은 초기 직업 세계에 입문하는 데 어느 정도 힘이 될 수 있다. 하지만, 그 다음에는 스스로 힘을 키워야 한다. 그래서 아주 특별한 '전문 서비스'를 스스로 만들어 다른 사람이 쉽게 모방할 수 없도록 해야 한다. 자신의 전공을 중심으로 그것이 무엇인지를 찾기 바란다.

넷째, '집중하는 시기'를 갖자. 한곳에 오래 있지 못하고 매년 직장을 옮겨 다니는 사람들이 있다. 하지만, 한곳에 집중하는 노력이 필요하다. 한 분야에서 5년이나 10년 정도 집중적인 노력을 기울여야 자신이 추구하는 목표와 접목시킬 수 있다. 그래야만 제대로 된 특별한 전문 서비스를 만들 수 있는 것이다.

다섯째, 자신을 '마케팅'하는 데 적극적이자. 좋은 상품은 널리 알려야 한다. 따라서 자기 자신을 상품으로 만들어, 자신을 알릴 수 있는 기회를 찾아보자. 치열한 일상 속에서 자신을 주변에 알릴 수 있는 기회가 찾아오는데, 이런 기회를 모두 잡아야 한다. 그리고 자신을 마케팅하는 데 적극적으로 즐겨라.

여섯째, '철학'을 세우자. 남에게 의지하지 말고, 혼자 힘으로 우뚝 서야 한다. 그리고 자신을 위해 많은 에너지와 시간을 투자하라. 나만의 인생을 구축하는 데는 선택과 책임이 모두 나에게 있다는 것을 명심하라.

2) 전문성을 가진 자기 브랜드

(1) 전문성의 개념 및 중요성

전문성은 일반적인 수준 이상의 수행능력을 의미한다. 즉, 어떤 분야에서 일을 하기 위해 필요한 전문 지식의 기능이라고 할 수 있다. 그래서 전문 지식을 가진 자만이 할 수 있는 직무를 전문직이라고 표현하는 것이다. 현재 국내 기업들은 저성장 기조에 머물러 있다. 이에 따라 젊은 세대들의 직장에 대한 불안감은 기성세대보다 훨씬 크다고 할 수 있다. 이는 구조조정뿐만 아니라 회사의 성장이 둔화됨에 따라 예전과 같은 자리(post)를 만들 수 없게 되었기 때문이다.

산업의 구조적 변화와 함께 직업 및 직무 구조 또한 변화에 직면하게 되었다. 따라서 한 분야에 정통한 사람만이 조직의 성장과 사회 발전에 기여할 수 있다는 시대적 주장이 제기되고 있다. 이른바 전문가로 성장해야 조직은 물론 사회적으로 성공할 수 있다는 전문가의 시대로 접어든 것이다. 전문가가 되기 위해서는 명확한 목표를 설정하고, 이를 추구할 수 있는 실천성이 뒷받침되어야 한다.

이를 위해 첫째, 실질적이고 구체적인 목표와 함께 장기적인 목표를 설정해야 한다. 둘째, 우선순위를 확고히 하고 목표 달성을 위해 전력을 다해야 한다. 그렇게 하면 일과 일체된 자아를 찾을 수 있을 것이다. 이처럼 자신의 영역에서 일과 자아의 통합이 일어나게 되면, 일이 곧 삶이 된다. 즉, 그 분야 대한 전문성이 형성되는 것이다. 즉, 이러한 전문성은 개인이나 조직, 사회가 성장하고 발전하는 원동력이 된다.

삶과 직결된 일의 가치는 매우 중요하다. 그래서 해당 분야에서 전문성을 펼치려는 노력이 반드시 필요한 것이다. 이를 위해 스스로 다그치면서 최고 수준의 목표를 달성할 수 있도록 강한 의지를 보여야 한다. 이렇듯 전문성을 유지하기 위해 끊임없이 자기관리를 한다면 머지않아 전문가 반열에 오를 수 있을 것이다.

(2) 전문가의 3가지 특징

전문가는 한 분야에 뛰어난 사람을 일컫는다. 하지만, 전문가는 숙련가에게는 없는 전문성이 있기 때문에 숙련가와는 다르다. 전문가의 3가지 특성에 대해 살펴보자.

첫째, 전문가는 내재된 지식이 풍부해 통찰력이 강하다. 그것은 어떤 새로운 문제에 부딪쳤을 때 효과를 발휘한다. 전문가는 지식과 경험을 이용해 다양한 측면에서 문제를 파악한 후 가장 이상적인 해결책을 내놓는다. 특히, 문제 상황에 맞게 적용 방법을 새롭게 모색하고, 절차와 체계에 대해 변경 · 수정을 하며 문제를 해결한다.

둘째, 전문가에게는 자기조절지식(meta-cognition)이 있다. 전문가는 이로써 문제해결을 위해 자신에게 어떤 내부 경험과 지식이 있는지, 또 그러한 내부 경험과 지식을 통해 문제를 해결할 수 있는지를 스스로 평가한다. 이는 문제가 무엇인지를 파악하는 게 아니다. 이 문제해결 여부를 스스로 찾는 자기 자신에 대한 지식이다. 즉, 자기조절 지식은 자신이 아는 것과 모르는 것을 확실히 구분하고, 문제해결에 대한 전략과 방향 그리고 실행 방법에 이르기까지 모든 것을 정확히 인식한다. 자신의 경험과 지식을 통해 상황에 맞게 적용하는 지식이라고 할 수 있다. 이처럼 전문가는 자신의 능력의 한계를 명확히 인식하고 있다.

셋째, 전문가는 팀워크 수행에 있어서도 탁월하다. 각 개인의 업무에는 개인적 전문성이 존재한다. 따라서 팀워크란 각 분야에 대해 서로 이해하고 화합해, 부족한 부분은 채워 주고 또 조화와 융화를 거듭하며 공동 과제를 해결하는 방식이다. 이를 위해서는 다양한 영역의 인력이 필요하다. 여기서 전문가들은 시너지 효과를 통해 최고의 효율과 극대화된 성과를 올리는 데 있어 팀워크가 반드시 필요하다는 것을 인식하고 있다.

전문가로 계속 남는 방법은 '발전적 문제의 해결 과정'에 있다. 이처럼 핵심을 꿰뚫고 있는 전문가들은 전문 지식과 기술 습득을 위해 꾸준히 노력한다. 전문가는 어느 한 지점을 목표로 도달하려는 것이 아니다. 그 지점까지 향하는 즐겁고 힘 있는 여정 그 자체라고 할 수 있다.

4 적용 및 실제

1) 자기 브랜드화

※ 나를 브랜드화하기 위한 전략, 내 브랜드의 차별성, 브랜드를 성장시키기 위한 투자 활동은 무엇인지 기록해 보자.

나의 브랜드 차별성
브랜드 PR 방법
브랜드를 성장시키기 위한 자기개발 활동

2) 자기 브랜드 광고하기

[자기 브랜드 광고하기 ①]

☑ 자신을 소개하고 홍보한다는 생각으로 자신만의 브랜드에 대한 광고를 만들어 보자.

1) 어떤 상황에서 자신을 광고하는 것인지를 먼저 생각한다.

2) 간결하고 정확한 단어를 사용해 자신에 대한 광고 문구를 만들어 보자.

3) 캐릭터 등을 활용해 광고 문구에 맞는 이미지를 그려 보자.

브랜드 PR 방법

[자기 브랜드 광고하기 ②]

☑ 광고 만들기 활동 소감을 써 보자.

내 목표에 비추어 1~2문장으로 스스로 평가해 보자.

활동 소감

03부

자기관리능력

개관

자기관리능력이란 자신을 합리적이고 균형적으로 조정하는 능력으로, 자신의 행동이나 업무 수행을 통제하고 관리하는 것을 의미한다. 현대인들은 자신의 비전을 세우고, 그 비전에 따라 과제를 발견하고 자신만의 계획을 세워 자기관리를 철저히 수행한다. 즉, 내면과 생산성 관리 그리고 셀프 리더십으로 재무장하는 것이다. 이는 다양한 의사결정을 원활히 처리할 수 있는 능력으로 이어지며, 자신만의 차별화된 브랜드로 경쟁력을 높이는 요인이 된다. 따라서 자기관리능력은 바람직한 방향으로 자신을 계획적으로 변화시켜 관리해 나아가는 것이다.

학습목표

1. 자기관리능력을 설명할 수 있다.
2. 직업세계를 탐색할 수 있다.
3. 자신의 생산성을 높이기 위한 전략을 세울 수 있다.

제 08 장 자기관리

1 자기관리의 개념

현대사회는 다양성을 추구하며 사회구조를 끊임없이 변화시킨다. 특히 급속도로 발전을 거듭하고 있는 과학 현실에서 대다수 사람들이 희열과 고통을 동시에 경험하고 있다. 이는 결국 경제적 수준으로 인한 성공의 기반으로 이어져, 이에 부응하지 못한 사람들은 경제는 물론 사회적 추락을 경험하고 있는 실정이다. 더욱이 복잡한 사회적 분위기로 인해 교육 수준에 대한 높은 욕구가 발생하는 것은 이미 사회적 문제로 대두된 바 있다. 즉, 이처럼 다양하고 복잡한 변화의 중심에는 긍정적인 측면과 함께 부정적인 시각 또한 공존하고 있다.

현대사회에서 도태되지 않고 잘 적응하려면 과연 어떠한 노력이 필요할까? 그것은 바로, 명확한 자기관리능력이다. 개인적 · 사회적 특성에 맞는 목표 설정과 이를 성취하기 위한 남다른 노력이 그 어느 때보다 중요해지고 있다.

자기관리능력이란 합리적이고 균형적으로 조정하는 능력이다. 자신의 행동이나 업무 수행을 통제하고 관리하는 것을 의미한다. 여기서 가장 중요한 것은 자신에 대한 지속적인 관리라고 할 수 있다. 만일, 자신에 대한 관리가 지속적으로 이루어지지 않으면 급변하는 현대사회에 쉽게 적응하지 못한 채 도태될 수 있기 때문이다.

배부르고 등 따뜻하면 그게 바로 행복이라고 여기던 시절이 있었다. 절대적인 빈곤 상태에서는 인간의 기본 욕구 충족만으로도 행복할 수 있었던 것이다. 하지만 현대사회는 인간의 기본 욕구 이외에도 생활수준의 향상이라는 또 다른 기준을 제시한다. 따라서 대다수 사람들의 행복에 대한 인식은 물론 그 기준도 변화하고 있다.

생활수준의 향상은 곧 자아실현의 욕구로 대변된다. 생활수준은 경제적 지위를 향상시킬 수 있지만, 자아실현은 부의 성공과 반드시 비례하지는 않는다. 자아실현의 중심에는 자기통제와 자기관리가 필요충분조건으로 작용하고 있기 때문이다. 곧 자신에게 주어진 여건을 고려해 자기관리를 철저히 하느냐에 따라 자아실현의 성공 유무가 결정된다.

그렇다면 어떻게 다양하고 복잡한 사회환경에 적응하는 동시에 자아실현을 수행할 수 있을까? 자아실현을 위해서는 자신에게 있는 모든 것을 관리하고 통제할 수 있는 노력과 능력이 절대적으로 필요하다. 여기에는 시간, 목표, 꿈, 돈, 건강, 인간관계 등 개인이 누리고 있는 총체적인 조건이 모두 포함된다. 이 모든 것을 스스로 관리·통제할 수 있을 때 비로소 자신의 가치가 상승하는 것이다. 다변화된 사회에 원만하게 적응하고, 자신의 목표가 사회와 조화를 이루도록 설정해 이를 실현하는 자기관리에 대한 지속적인 노력과 능력이 절실하다.

한편, 현대사회의 다변화와 더불어 미래사회는 점점 고령화의 늪으로 빠져들고 있다. 우리에겐 노후를 더 행복하게 보낼 수 있는 방법에 대한 심층적인 고민 또한 필요하다. 긴 수명만큼 넓은 안목이 요구되는 시점이며, 능동적으로 인생을 다시 설계해야 하는 시대적 인식이 대두된다. 이러한 시대적 상황에 앞서 현대사회에서 도태되지 않고 더 나은 내일을 설계하기 위해서는 자기관리를 먼저 실현해야 한다.

현대사회는 속도의 시대라고 해도 과언이 아니다. 따라서 무작정 열심히 사는 사람들의 시대는 막을 내렸다. 이는 곧 열심히 사는 것은 기본이고, 삶의 바탕에 그 이상의 무언가를 찾아 슬기롭게 대처해야 한다는 것이다. 그 열쇠는 바로 자신을 변화시키는 자기관리에 있다.

그러므로 현대인들은 스스로 비전을 세우고, 그 비전에 따라 자신의 과제를 발견한다. 이에 따라 자신만의 계획을 세워 수행하며 자기관리를 철저히 한다. 즉, 내면과 생산성 관리 그리고 셀프 리더십으로 재무장하는 것이다. 이는 다양한 의사결정을 원활히 처리할 수 있는 능력으로 이어지며, 자신만의 차별화된 브랜드로 경쟁력을 높이는 요인이 된다. 이처럼 자기관리능력은 자신을 올바른 방향으로 나아가게 함은 물론, 계획적인 인간으로 변모시켜 꾸준한 관리가 이루어질 수 있도록 한다.

자기관리에 대한 계획을 미리 세우고 준비하고 또 체계적으로 관리한다면, 다양하고 복잡한 현대사회에 무난히 대처할 능력을 갖출 수 있을 것이다. 이는 곧 자신의 삶에서 비롯된 최대의 성과로 이어지게 된다. 다시 말해, 자기관리는 급변하는 사회와 조화를 이루는 삶의 기본이며, 아름답고 행복한 노년을 위해 반드시 실현해야 할 필수조건으로 인식되고 있다.

2 자기관리의 단계

자기관리는 자신을 이해하고, 그에 맞는 목표를 성취하기 위해 실현 가능한 계획을 세우는 것에서부터 출발한다. 즉, 자기관리란 자신의 행동과 업무 수행에 관한 모든 것을 관리하고 조정하는 것을 의미한다. 따라서 자기관리능력이란 이러한 자기관리를 원만히 수행할 수 있는 능력을 일컫는다.

가장 먼저 자신의 비전과 목표를 정립하고, 자신의 역할 및 능력을 분석하여 과제를 발견하며, 그런 다음 이러한 과정에 따른 일정을 수립해 수행한다면 모든 절차는 일단락된다. 시행 결과에 따라 피드백의 과정을 거치며 지속적인 자기관리를 수행할 수 있다.

■ 표 8-1 자기관리 단계

1단계	2단계	3단계	4단계	5단계
비전 및 목적 정립	과제발견	일정 수립	수행	반성 및 피드백

1) 비전 및 목적 정립

자기 관리를 위해서는 가장 먼저 분명한 목표가 있어야 한다. 그래야만 시간을 효율적으로 활용할 수 있다. 즉, 명확한 목표 설정은 시간관리의 포인트가 된다. 어떤 행동이나 업무를 수행함에 있어 비전과 목표 수립은 무엇보다 중요하다. 이는 곧 방향성을 의미하며, 더 나아가 모든 행동이나 업무 수행의 기반이 된다. 특히, 의사를 결정하는 데 있어 핵심 지침으로 작용한다. 다음과 같은 질문을 통해 자신의 비전과 목표를 수립해 보자.

- 나에게는 무엇이 가장 중요한가?
- 내 삶에서 중요한 가치관은 무엇인가?
- 나에게 있어 의미 있는 삶이란 무엇인가?
- 나는 삶 속에서 어떤 원칙을 세우고 있는가?
- 나에게 있어 삶의 목표는 무엇인가?

2) 과제 발견

비전과 목표가 수립되었는가? 그렇다면 다음 질문을 통해 자신의 역할 및 능력에 대해 검토하고 또 현재 업무를 조정해 앞으로 수행할 다양한 역할에 대해 알아보자.

- 현재 수행하고 있는 역할은 무엇이며, 능력은 어느 정도인가?
- 많은 역할 중에 서로 조화를 이루지 못하는 것은 없는가?
- 변화가 필요하지는 않는가?

이에 대한 해답을 찾았다면, 이러한 역할과 연계되는 활동 목표를 설정해야 한다. 활동 목표는 성취 가능한 목표로 조정해야 하며, 목표를 세부적으로 구분해야 한다. 이로써 수행해야 할 역할들이 도출되고 이에 맞는 활동 목표가 수립되면 우선순위에 따라 해당 업무를 각 역할 및 활동 목표별로 구분한다.

이때 가장 중요한 업무를 우선순위에 두어야 하며, 이는 자기관리를 위한 가장 중요한 기술로 작용한다. 우선순위를 정하는 데는 가장 중요하고, 가장 긴급한 일을 우선순위에 두는 게 일반적이다. 우선순위를 정하는 일은 자기관리의 가장 중요한 핵심이다.

우선순위를 정하는 방법은 업무의 중요성과 긴급성을 바탕으로 구분하는 것이다. 이를 바탕으로 시간관리 매트릭스를 만들어 일의 우선순위를 결정한다. 중요성은 결과와 연관되고, 사명 · 가치관 · 목표에 기여하는 정도를 의미한다. 또한 긴급성은 즉각적인 처리를 전제조건으로 하며, 눈에 잘 띄며, 심리적 압박감을 수반한다. 스티븐 코비(Stephen R. Covey)는 이 두 축을 통해 다음과 같이 시간관리 매트릭스를 4단계로 구분했다.

√ 4순위 방법 : (1) 중요하고 긴급한 것
(2) 중요하지만 긴급하지 않은 것
(3) 중요하지 않지만 긴급한 것
(4) 중요하지도 않으면서 긴급하지도 않은 것

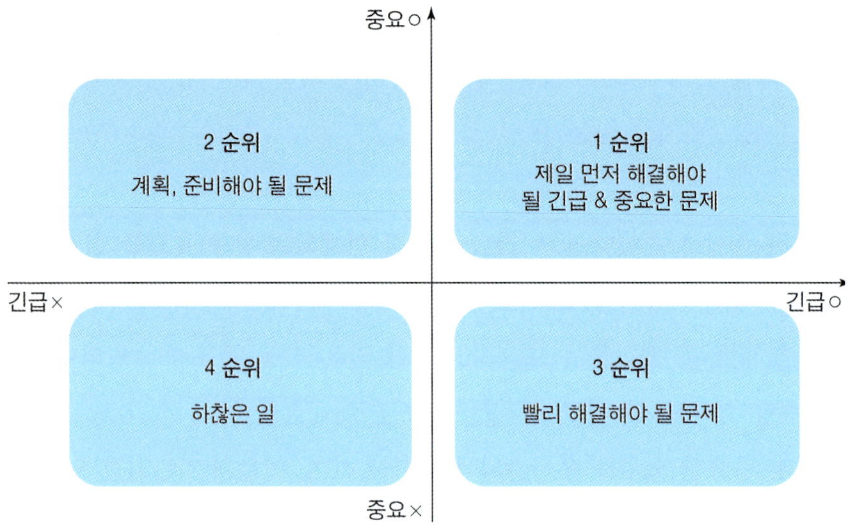

출처 : Adapted from Stephen Covey's "First Things First" - Covey Leadership Center, Inc , 2003

그림 8-1 일의 우선순위 판단을 위한 매트릭스

우선순위를 잘못 정한 사례

A씨는 대학에서 경영학을 전공하는 3학년 학생이다. 그는 여름방학을 맞이해 커피숍에서 아르바이트를 시작했다. 그는 이듬해 매니저 직급을 맡으며, 다른 아르바이트에 비해 많은 월급을 받게 되었다. 그로부터 2년의 시간이 흘렀다. 하지만 그는 아직도 복학을 하지 않고, 지금까지 카페에서 일을 계속하고 있다.

우선순위를 올바로 정한 사례

수학교육과에 재학 중인 B씨는 올해 임용고시를 준비하고 있다. 그는 임용고시 합격을 위해 하루에 5시간씩 공부하고 있다. 오전에는 인근 학교에서 교생 실습을 하며, 현장 경험을 쌓고 있다. 또 퇴근 후에는 도서관에 들러 그날 계획한 공부를 하고 있다. 간혹 약속이 생기면 새벽 시간을 이용해 공부를 하거나, 지하철을 타고 다니며 틈틈이 책을 본다.

3) 일정 수립

구체적인 일정 수립은 일의 우선순위에 따른다. 우선순위를 정할 때 있어서 항상 소중한 일에 우선순위를 두어야 한다. 즉, 일정 수립은 월간 계획 → 주간 계획 → 하루 계획 순으로 작성하는 게 일반적이다.

우선, 월간 계획은 다른 계획보다 장기적인 관점에서 계획하고 준비해야 한다. 또한 주간 계획은 우선순위가 높은 일을 먼저 수행할 수 있도록 계획을 세워야 한다. 연간 · 월간 · 주간 계획 가운데 가장 현실적인 계획은 바로 주간 계획이다. 일주일과 하루의 계획을 한눈에 파악할 수 있다는 장점이 있다. 끝으로 하루의 계획은 시간 단위로 좀 더 자세하게 작성해야 한다. 이와 같이 계획대로 실행한다면 한 주를 순조롭게 보낼 수 있을 것이다.

◈ 주간계획표 작성요령에는 다음과 같은 질문을 해 볼 수 있다.

- 이번 주의 중심 과제는 무엇인가?

  ex) 내일 보는 시험, 모래의 과제물 등
- 이번 주에 가장 많은 시간을 필요로 하는 일은 무엇인가?

  ex) 강의 예습 복습, 외국어 공부, 독서 등
- 이번 주에 반드시 완료해야 할 일은 무엇인가?

  ex) 과제물, 시험 준비 등
- 예정된 일 중 내가 해야 할 일은 무엇인가?

  ex) 회의 참석, 학과장님과 면담 등
- 이번 주에 반드시 만나야 할 사람은 누구인가?

  ex) 선배와의 면담, 친구 등

◈ 일일 계획표를 작성할 때는

- 60:40 법칙을 참고해 활용 가능한 시간의 60%만 계획하고, 40%는 그대로 남겨둔다. 그날 계획된 일을 먼저 작성하고, 다른 일은 나중에 작성한다.
- 구체적인 시간 계획을 세운다. 오늘 중으로 일을 다 완성해야 한다는 생각으로, 세부적이고 구체적인 계획을 세워야 한다.
- 약속이나 그 외의 일이 갑자기 생길 수 있으므로, 변동 사항을 반영해 작성한다.
- 시간대별 계획을 매일 세우는 것이 부담스럽다면, 그날의 목록을 수첩에 작성해 항상 지니고 다닌다.
- 각 일정 중에 해야 할 일의 목록을 만든다.
- 해야 할 일 등에 대한 마감 날짜를 일정표에 적는다.
- 토요일 란에 주별 일정을 배치한다(토요일마다 다음 주 일일 계획표를 완성한다. → 수업이나 개별 일정 외에도, 그날그날 수업과 관련되지 않는 일 중 다른 일정이나 약속 사항을 기록한다. → 주별 계획표에 과제들을 적는다. 이때 그 주의 해당 날짜에 과제들을 고루 배분해 과제들을 달성할 수 있도록 한다.).

◈ 계획표를 체크 리스트로 활용

매일매일 저녁 시간을 이용해 일일 계획표상의 모든 과제가 완수되었는지 점검해야 한다. 이때 완수하지 못한 일이 발견되면, 다음날 그것들을 완수할 수 있도록 계획한다. 또한 토요일마다 주별 계획표를 점검하라. 그러면서 지난주에 해야 할 모든 과제를 완수했는지 여부를 확인하고, 다음주 일일 계획표를 작성한다.

이때 한 가지 주의할 점이 있다. 신속하게 해결해야 될 긴급한 문제라고 여긴 나머지 우선순위를 높게 잡고, 또 이를 중심으로 계획을 세우지 말아야 한다는 것이다. 그러면 오히려 중요한 일을 놓치게 되는 실수를 저지르게 된다. 스티븐 코비는 이렇게 강조했다. '소중한 것을 반드시 먼저 실행해야 한다.' 이 제언을 항상 염두에 두어야 한다.

4) 수행

구체적인 일정 수립 후 이에 따라 수행한다. '수행'은 시간, 능력, 돈, 건강, 대인관계, 감정, 물건 등 다양한 요소로부터 영향을 받는다. 따라서 내가 지금 하려는 일이 무엇인지, 어떤 요소들이 이 일에 영향을 미치는지, 어떤 방법으로 이를 관리해야 하는지를 찾아 계획대로 수행한다.

5) 반성 및 피드백

5단계 과정 중 특히 중요한 것은 '피드백'이다. 이 피드백은 앞에서 제시한 4가지 과정을 통틀어 가장 중요하다. 피드백을 통해 문제점 발견은 물론 이를 보완할 수 있다. 또한 목표 상승 효과와 더불어 전략 강화에도 한몫을 한다. 즉, 자신의 지속적인 성장을 보장하는 것이다.

만일, 피드백이 없다고 가정해 보자. 그러면 계획과 실행만이 반복적으로 일어나며 성장과는 자연스럽게 멀어지게 된다. 심지어 악순환이 반복될 가능성도 배제할 수 없다. 누구나 완벽하게 계획을 수립하고 실행하기에는 어려움이 따른다. 하지만 피드백이 있기에 점점 완벽해질 수 있는 것이며, 결국 이는 자기관리 수준을 한층 향상할 수 있는 계기로 작용한다.

피드백은 신속하고 정확하게 이루어져야 한다. 피드백을 정확하게 설계한다면 모든 일이 순조롭게 해결된다. 신속하고 정확하게 피드백할 수 있다면 자연스레 성공 확률은 높아질 것이다. 일을 수행하고 난 뒤에는 다음 질문을 통해 분석한다. 그리고 그 결과에 대한 피드백을 바탕으로 다음 계획을 수행한다.

- 어떤 목표를 성취했는가?
- 일 수행 과정에서 어떤 문제에 부딪혔는가?
- 어떤 결정을 내리고, 어떻게 행동했는가?
- 우선순위 일정에 따라 계획적으로 수행했는가?

3 적용 및 실제

1) 시간관리 매트릭스

우리는 일상생활을 하며 항상 '중요한 과제'와 '긴급한 과제' 사이에서 머뭇거리게 된다. 이제 그 차이를 인식하고, 우선순위의 법칙에 따라 주어진 시간을 잘 관리하는 습관을 기르도록 하자.

[시간관리 매트릭스 ①]

☑ **최근 일주일 동안 나만의 시간관리 매트릭스를 완성해 보자.**

Ⅰ에는 긴급하고 중요하게 생각했던 일,

Ⅱ에는 긴급하지는 않지만 중요하게 여겼던 일,

Ⅲ에는 중요하지 않은데 급하게 서둘렀던 일,

Ⅳ에는 긴급하지도 중요하지도 않은 일에 몰두했던 일을 적어보자.

	긴급함	긴급하지 않음
중요함	◊ ◊ ◊ Ⅰ	◊ ◊ ◊ Ⅱ
중요하지 않음	Ⅲ ◊ ◊ ◊	Ⅳ ◊ ◊ ◊

03부 자기관리능력

[시간관리 매트릭스 ②]

☑ **나만의 시간관리 매트릭스를 다시 설정해 보자.**

시간관리 매트릭스 ①은 지난 일주일 동안 내가 우선순위를 어디에 두고 생활했는지를 알아보기 위한 것이었다. 시간관리 매트릭스 ①에서 고쳐야겠다고 생각되는 부분은 없는가? 나만의 시간관리 습관을 돌아보는 기회가 되었다면, 내가 어디에 우선순위를 두어야 할 것인지 시간관리 매트릭스를 다시 설정해 보자.

	긴급함	긴급하지 않음
중요함	◊ ◊ ◊ I	◊ ◊ ◊ II
중요하지 않음	III ◊ ◊ ◊	IV ◊ ◊ ◊

제 09 장 직업세계

1 직업(職業)의 개념

직업(職業)이라는 말은 '직(職)'과 '업(業)'의 합성어다. 여기에서 '직(職)'이란 직무라는 관직적 뜻과 직분을 맡아 행한다는 개인의 사회적 역할이라는 뜻이 담겨 있다. 반면, '업(業)'이란 생계를 유지하기 위해 전념하는 일이라는 뜻과 자신의 능력을 발휘하기 위해 한 가지 일에 몰두한다는 뜻을 가지고 있다(권창미, 송창백, 2016). 따라서 직업이라는 의미는 자신의 적성과 능력에 따라 선택한 일에 책임지고 맡아서 하는 '직무성'과 생계를 유지하기 위하여 일정한 기간 동안 계속하여 수행하는 '노동성'의 이중적 의미를 가지고 있다.

한편, 영어에서 직업은 vocation 또는 occupation을 혼용하는데 vocation은 천직의 뜻을 가지고 있으며, 삶에서의 소명을 이루는 일이라는 의미를 지니고 있다. occupation은 사람이 보수를 받기 위해 종사하는 일이라는 의미를 지닌다. 이러한 다양한 어원적 의미와 직업이라는 용어는 현대 산업사회가 되면서 사회생활의 수단이나 방법으로 생각되는 경향이 늘어나 생계유지를 위한 개인의 경제적 활동 면이 강조되고 있다. 이렇듯 직업은 한 개인이 이루고자 하는 사회적 삶을 영위할 수 있는 가장 중요한 수단이며, 직업생활을 통해서 자신의 가치를 실현할 수도 있다.

1) 직업의 세 가지 의미

우리는 초등학교부터 대학까지 교육을 받고 능력과 흥미에 맞는 직업을 갖는다. 직업생활을 하다가 몇 번의 이직을 하고 정년에는 퇴직을 하는 등 한 평생을 살아가게 된다. 이렇게 직업을 통해 생계를 유지하고, 사회구성원으로서 참여할 뿐만 아니라 자신의 가치를 실현하고 인생의 보람을 누리게 된다.

따라서 현대사회에서 직업은 우리 삶에서 매우 큰 비중을 차지하게 된다. 직업을 통해 자신을 표현하면서 경력개발을 하게 되므로 직업은 곧 인생(life)이라고 할 수도 있다. 우리 삶에 중요한 영향을 미치는 직업이 우리에게 주는 세 가지 측면의 기능은 다음과 같다.

(1) 경제적 의미로서의 직업

인간은 삶에서 가장 기본적인 욕구인 의식주를 해결하고자 직업에 종사하며, 직장생활을 통해 수입을 얻어야 생계를 유지할 수 있다. 생계유지의 수단으로서 직업은 가장 기본적인 인간의 존재를 가능하게 하는 점에서 그 의미가 크다. 특히 자본주의 사회에서는 수입이 없으면, 삶을 영위하기가 어려운 만큼 직업의 중요성은 더욱 강조된다.

(2) 사회적 역할 분담으로서의 직업

인간은 직업을 통해서 사회의 한 구성원으로서 역할을 맡게 되고, 자신에게 주어진 역할에 대해 책임지고 성실하게 수행할 때 전체 사회가 유지·발전한다. 그러므로, 각자가 사회에서 맡은 역할을 통해 역할책임을 다하며 유기적으로 연결이 되고, 서로에게 도움을 주고 받는 사회로 형성되는 것이다.

(3) 심리적 의미로서의 직업(자아실현)

한 개인이 갖는 직업은 자신의 정체성을 나타내며, 사회구성원으로서 소속감을 주어 심리적 안정감을 줄 수 있다. 개인적 관점에서 직업은 생계의 유지와 경제적 활동을 영위해 가는 중요한 수단이 되지만, 이와 같이 소속감과 심리적 안정감을 주는 부분에서도 중요하다고 할 수 있다.

또한, 직업을 통해서 자신이 가지고 있는 소질과 능력을 발휘할 수 있고, 자아를 실현한다. 더 나아가 사회적 발전을 추구하는 기회도 얻을 수 있다. 일을 통해 보람과 가치를 느끼고, 일이 주는 성취감은 자신의 꿈을 이루고, 자신의 존재 의미를 찾는 과정이 된다. 이와 같이 인간은 의식주의 기본욕구 외에도 집단 무리 속에서 함께 교류하고 소통하면서 자신의 존재를 더욱 확인할 수 있기 때문이다.

이와 같이 직업이란 생계의 유지, 사회적 역할 분담, 자아 실현을 목적으로 계속적으로 행사하는 일이라고 할 수 있다. 이처럼 직업은 직업을 가진 개인이 경제적·

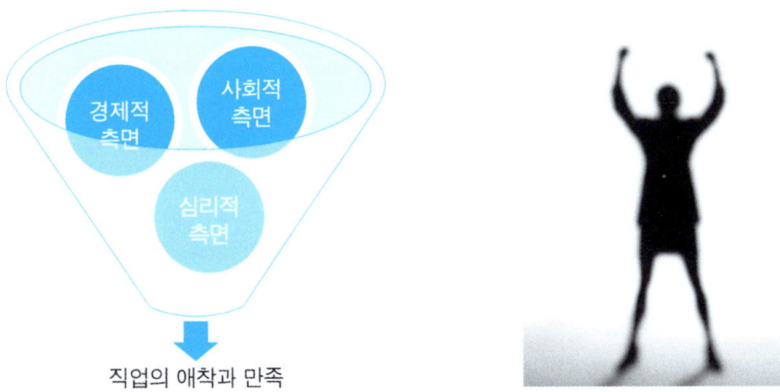

그림 9-1 직업의 의미

사회적 · 심리적 측면이 모두 충족해야 그 직업에 대한 애착과 매력을 느낄 수 있다. 또한 자신이 할 수 있고, 하고 싶은 일이어야 능률을 올릴 수 있다.

2) 직업의 분류

직업은 어떤 기준으로 분류될 수 있을까? 급변하는 과학기술의 발달로 직업의 양과 질은 빠르게 변화하고 있다. 과거에 존재했던 직업이 소멸되고 새로운 직업들이 생성되기를 끊임없이 반복한다. 직업의 종류와 수는 산업이 발전되고 사회가 복잡해질수록 더욱 다양해지고, 후진국에 비해 선진국이 더 세분화된 직업들을 많이 갖고 있다. 미국, 일본 등과 같은 선진국의 직업 수는 2만 5천여 개에 이르며 우리나라는 약 만 5천여 개의 직업이 있다.

직업분류란 경제활동을 위해 개인이 수행하는 일의 형태에 따라 체계적으로 분류

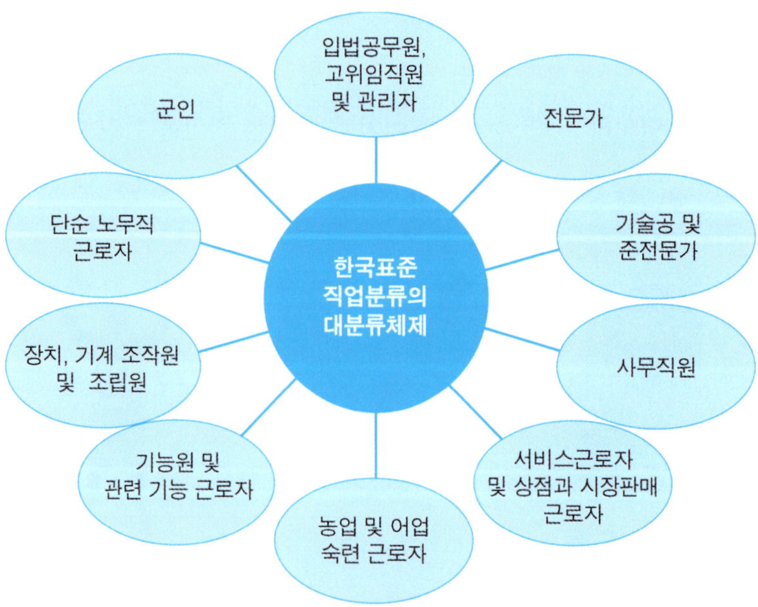

출처: 이해선, 김은미(2014). 인성과 자기개발

그림 9-2 한국표준직업분류 대분류 체계

한 것을 말하는데, 우리나라는 직업구조와 실태에 맞도록 표준화하여 '한국표준직업분류(Korean standard classification of occupations)'라는 것을 제정하여 사용하고 있다.

한국표준직업분류에서는 수행된 일(직무)과 직무능력(직능)의 개념을 근거로 직업 항목을 대분류, 중분류, 소분류, 세분류, 세세분류 등 단계적으로 세분화하고 있다. 현재 직업분류는 2007년에 개정된 제6차 한국표준직업분류에 따라 직업을 10개의 직업군으로 분류하고 있다.

다음은 한국표준직업분류 기준에 따라 직업군의 특성과 관련 직업을 정리한 것이다.

표 9-1 한국표준직업분류 대분류 체계

적성 요인	내용	적합 직업
관리자	법률과 규칙을 제정, 정부 및 특수이익 단체의 정책을 결정 및 지휘, 조언	공공 및 기업 고위자, 행정 및 경영지원 관리직, 전문서비스 관리직, 건설·전기 및 생산 관련 관리자 등
전문가 및 관련 종사자	물리, 생명과학 및 사회과학 분야의 전문가로서 해당 분야를 연구, 개발 및 개선	통계학자, 경제학자, 물리학자, 화학자, 천문학자, 컴퓨터전문가, 건축가, 과학자, 판사, 검사, 의사, 약사, 교수, 교사, 사회학자, 작가 및 예술가
사무종사자	관리자, 전문가 및 관련 종사자를 보조하여 경영방침에 의해 사업계획을 입안하고 계획에 따라 업무를 추진	경영 및 회계 관련 사무직, 금융 및 보험 사무직, 법률 및 감사 사무직, 상담, 안내, 통계 및 기타 사무직 등
서비스종사자	공공안전이나 신변보호, 의료보조, 이·미용, 혼례 및 장례, 여가, 조리와 관련된 공공 및 대인 서비스를 제공하는 업무 추진	경찰·소방 및 보안 관련 서비스직, 이·미용, 예식 및 의료보조, 서비스직, 운송 및 여가 서비스직, 조리 및 음식 서비스직 등
판매종사자	도·소매상점이나 유사업체 또는 거리 및 공공장소에서 상품 판매 또는 임대	영업직, 매장판매직, 방문·노점 및 통신 판매 관련직 등
농업·어업 수련종사자	전답 작물 또는 과수작물을 재배, 수확하고, 동물을 번식, 사육하며 산림을 경작, 보존 및 개발	농·축산 숙련직, 임업 숙련직, 어업숙련직 등

적성 요인	내용	적합 직업
기능원 및 관련 기능종사자	광·공업, 건설업 분야에서 금속을 성형하고 각종 기계를 설치, 정비	식품가공 섬유·의복 및 가죽 목재·가구·악기 및 간판, 금속성형, 운송 및 기계, 전기 및 전자, 건설 및 채굴, 영상 및 통신장비, 기타 기능 관련직
장치, 기계, 조직 및 조립종사자	대규모적이고 고도의 자동화한 산업용 기계 및 장비를 조작, 제품을 조립하는 업무	식품가공, 섬유 및 신발, 화학, 금속 및 비금속, 기계제조, 전기 및 전자, 운전 및 운송, 상·하수도 및 재활용 처리, 목재·인쇄 및 기타 기계조작직 등
단순 노무종사자	주로 수공구의 사용과 단순하고 일상적이며 때로는 육체적 노력이 요구되는 업무	건설 및 광업, 운송, 제조, 청소 및 경비, 가사·음식 및 판매, 농림 어업 및 기타 서비스 단순 노무직 등
군인	의무 복무수행 사병, 단기부사관, 장교를 제외하고 현재 군인신분을 유지하고 있는 직업군인	군인

출처: 이해선, 김은미(2014). 인성과 자기개발

2 직업세계 탐색

1) 급변하는 직업세계

21세기 직업의 다양성을 이해하기 위해서는 직업의 변화과정을 이해할 필요가 있다. 직업의 변화과정은 역사와 시대의 흐름에 따라 생성, 통합, 융합, 쇠퇴, 소멸을 반복하면서 변화해 간다. 이러한 진로개발 과정에서 수많은 선택에 영향을 미치는 요인은 다양하지만 첫 번째의 중요 요인은 사회 및 인구통계학적, 기술, 직업 및 산업 등의 동향이 너무나 빨리 변화하는 것이다. 특히 컴퓨터와 통신 분야의 응용기술 발달수준은 상상을 초월하고 지식 콘텐츠의 이동도 빠르게 나타나고 있다. 국제화가

가속화되면서 국경의 개념이 무너지고 문화적 정통성도 희석되고 있다. 또한 글로벌 자본이 이동하면서 국내의 자본시장에도 많은 변화를 일으키고 있다. 이처럼 급변하는 환경은 직업을 선택하는 데 국가, 지역사회, 내가 사는 거주지 안에서 일어나는 변화 요인까지 감안하고 대응해야 하는 것이다.

사회적 변화에 따라 직업을 바라보는 우리의 인식도 변화하기 시작하였다. 과거에는 한 직장에서 평생 근무하다가 퇴사하고 은퇴를 맞이하는 환경이었다면, 지금은 언제라도 이직을 생각할 수 있는 근로환경으로 변화하였다. 이에 점점 늘어나는 비정규직과 계약직 형태의 일자리 속에서 자신의 경쟁력을 높이며 적응해 가야 하는 것이다. 현재 우리 사회의 직업들이 다가오는 미래에는 어떠한 형태로 변화하는 흐름을 파악하여 그 흐름 속에서 직업을 바라보는 우리의 인식과 태도도 바꾸어야 한다.

① 평생직장에서 평생직업으로 인식

② 삶의 질을 중요하게 생각하는 직업

③ 창의성이 적용되는 직업

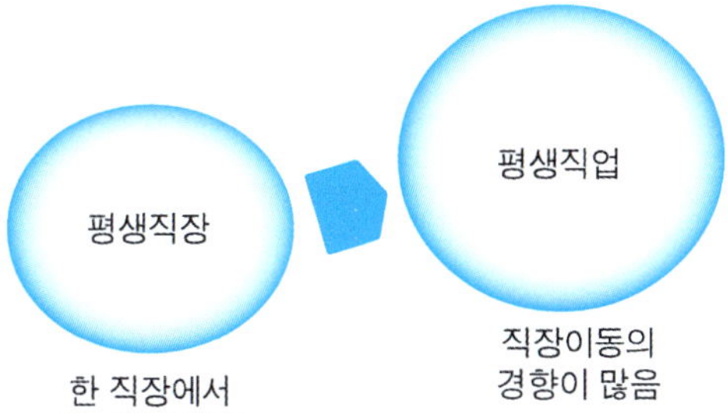

그림 9-3 직업개념의 변화

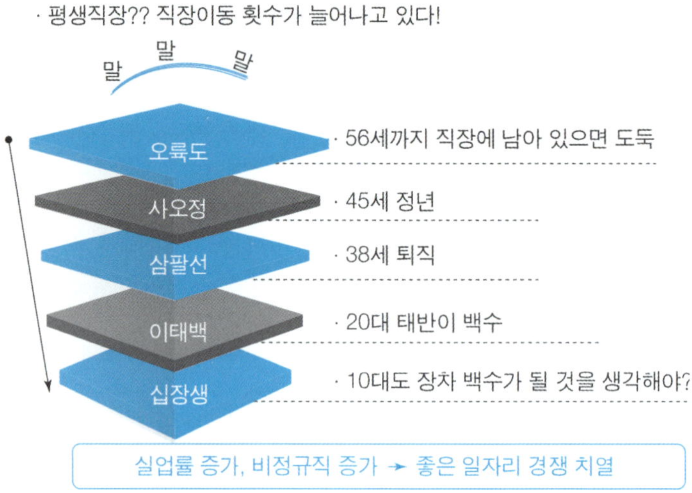

그림 9-4 직업환경의 변화

2) 유망직업의 조건

직업은 누구에게나 주어진 삶의 과정이며, 그것이 차지하는 비중은 삶에서 가장 큰 비중을 차지하고 있다. 대부분의 사람은 하루 일과 중 대부분의 시간을 직업적 활동을 위해 사용한다. 그렇기에 자신의 삶에서 경제적 측면 외에서도 행복감과 만족감을 누릴 수 있는 직업을 선택해야 보다 즐거운 직업생활을 유지할 수 있을 것이다.

자신의 능력과 흥미, 직업, 가치관을 고려하여 선택하되 보다 미래에 유망한 좋은 직업을 선택하려면 어떤 점들을 살펴봐야 할까? 현재 사회적 변화에 따른 좋은 직업 또는 유망한 직업이 되는 조건은 다음과 같이 요약할 수 있다.

(1) 일자리 증가와 비교적 높은 임금

급변하는 기술의 발달로 많은 직업이 쇠퇴하고 지금도 소멸되고 있다. 유망직업은 향후 일자리가 증가하여 상대적으로 취업이 용이하고, 임금수준이 타 직업에 비해 비교적 높은 직업을 의미한다.

(2) 고용안정성

최근에는 고용의 불안정성이 부각되어 무엇보다 직업의 안정성이 보장되는 직업에 대한 선호도가 매우 높아졌다. 고용안정성이 유망직업 선정에 중요한 기준으로 부각되고 있다.

(3) 삶의 질을 누릴 수 있는 근무환경

과거에 비해 현대는 웰빙을 강조하고, 자신의 여유생활을 중요시하는 경향이 점점 증가하고 있는 추세이다. 즉, 육체적 · 정신적 스트레스가 적은 직업, 쾌적한 근무환경 등을 유망직업의 조건으로 삼기도 한다.

(4) 전문성과 기술력이 필요한 직업

현대는 기술의 발달로 단순노무들은 기계들이 대체하고 있는 실정이다. 앞으로 이직과 전직이 현재보다 더욱 보편화될 것으로 예상되므로 기계가 대체할 수 없는 전문성과 기술을 갖춘 사람이 경쟁력을 가질 수 있기 때문이다.

(5) 관광 · 레저, 문화산업, 의료 · 보건 관련 직업

웰빙 열풍과 더불어 주 5일 근무제의 확산, 건강한 삶에 대한 관심 증가, 고품질 서비스에 대한 수요 증가로 관광 및 의료 서비스 분야의 직업들이 각광 받고 있으며, 항공우주공학, 생명공학 등의 관련 직업도 유망할 것으로 보인다.

3) 직업정보 탐색 방법

한 사람이 알고 있는 직업은 몇 개나 될까? 자신이 알고 있는 직업을 적어보면 생각보다 많이 알지 못한다는 것을 알 수 있을 것이다. 한국직업사전에는 12,823개의 직업이 등재되어 있다(2019년 기준). 졸업을 앞둔 학생들이 수많은 직업 중에 단 하나의 직업을 선택한다는 것은 선뜻 결정하기 쉬운 일이 아닐 것이다. 더욱이 정보를 접하면 접할수록 선택에 대한 불안과 혼란은 더해지게 된다.

오늘날의 많은 청년층이 불안정한 채용환경시장 속에서 직업안정성, 직업지위, 수입 등을 기준으로 직업을 평가하고 있다. 직업을 선택하는 데 있어 자신에 대한 명확한 인식이 되어야 보다 확실한 의사결정을 할 수 있게 된다. 자신의 특성을 잘 알고, 자신에게 적합한 직업을 선택해야, 그 직업 안에서 역량을 습득하고 발휘할 수 있다. 또한 향후의 지속적 성장을 가능하게 하고 삶과 직업의 만족도를 높일 수 있다.

진로탐색 및 취업을 준비하는 청년층들은 먼저 자신의 진로개발과 관련된 정보와 활용자원에 대한 이해가 선행되어야 한다. 진로개발의 첫 단계가 진로개발의 필요성을 인식하고 자신이 원하는 것이 무엇인지 발견하는 것처럼 자신이 가고자 하는 목표에 적합한 자원의 적극적으로 활용해야 한다.

(1) 직업 정보자원의 주도적 활용

만약 부산행이라고 알고 있던 고속버스가 신경주행이라면, 편안한 의자를 생각하고 올라탄 버스의 자리가 입석이라면, 이 여행이 어떻게 될까? 원하는 목적지에 도달하지 못하거나, 도달하는 과정의 즐거움과 기쁨이 줄어들 것이다. 그렇다면 이러한 당혹스러움은 어디에서 시작되었을까? 단순히 운이 따르지 않았기 때문일까? 만약 버스를 예매할 당시, 혹은 예매한 버스를 올라타기 직전이라도 좀 더 정확한 정보를 확인했더라면 보다 더 만족스럽고 행복한 여행이 되었을 것이다.

나의 직업과 미래가 부정확한 정보에 의해 원하지 않는 방향으로 흘러가길 바라는 사람은 없을 것이다. 직업을 탐색하고, 선택하고, 획득, 유지하는 과정에서 직업 정

보의 유효성과 한계성은 굉장히 중요하다. 단지 인터넷 한 사이트의 정보나 어느 한 사람의 의견에 의존해 자신의 중요한 진로 문제를 결정하는 오류를 범하지 않으려면 어떻게 해야 할까? 효과적인 정보의 활용은 어떠한 방식으로 해야 하는지 자세히 알아보자.

(2) 직업의 실체 파악

직업을 탐색하고 조사하는 과정에서 사람들이 간과하고 지나치는 것 중 진로나 노동시장에 대한 정보가 얼마나 현실성이 있으며 신뢰성을 갖고 있느냐는 것이다. 정보의 홍수 속에서 그저 제공되는 정보를 있는 그대로 믿기보다는 다양한 교육기관, 노동시장 등에 대한 정보를 확인하는 과정에서 정말로 현실적인 정보인지 얼마나 신뢰할 만한 정보인지 점검이 필요하겠다. 한편 정보자원은 산업의 흐름과 노동시장의 변화에 따라 변화할 수 있는 것이라는 점 또한 유념해야 한다.

① 온라인 정보자원 활용

- 고용안정정보망워크넷(www.work.go.kr) : 직업선호도검사, 한국직업전망 등
- NCS 국가 직무능력 표준(www.ncs.go.kr)
- 한국직업정보시스템(know.work.go.kr)
- 커리어넷(www.career.go.kr)
- 큐넷(www.q-net.or.kr)
- 영삼성(www.youngsamsung.com)
- 교육방송(www.ebs.co.kr)
- 진학진로정보센터(www.jinhak.or.kr)
- 한국가이던스(guidance.co.kr)
- 알리오(www.alio.go.kr)

② 정보면접 활용

자신의 개인적 특성, 기업 및 산업에 대한 분석, 자신과의 직무 적합성, 경제성 비교 등 적지 않은 노력을 기울여 희망하는 구직 목표를 정하였더라도 기업의 실질적인 현장에 대한 이해와 내용이 충분히 반영되었다고 보기 어렵다. 관심을 가지고 있는 직업에 대해 가장 깊게 이해할 수 있는 방법은 실제로 그 일을 현장에서 경험해 보는 것이다. 그러나 현실적으로 모든 직업을 다 경험해 보고 최종 선택을 하기란 불가능하다. 이에 직업정보를 얻기 위한 유용한 방법 중 하나가 바로 정보면접(information interview)이다. 정보면접은 관심을 두고 있는 직업이나 직무의 실제를 파악하여 자신의 직업에 적합도 정도를 판단해 보는 것이다.

그림 9-5 워크넷 사이트

정보면접은 직업을 이해하고 분석하기 위한 가장 확실한 효과적인 방법임에도 불구하고 학생들이 가장 등한시하고 놓치는 부분이기도 하다. 어쩌면 어떻게 무엇 때문에 해야 하는지 필요성을 이해하지 못해 시도조차 못할 수 있다. 이렇듯 직무의 특성을 파악하는 데 매우 유용한 방법임에도 불구하고 사람들은 잘 모르거나 실제로 활용을 못하고 있다. 정보면접에 대한 절차를 알아보고 이에 맞는 준비를 통해 실제로 해당 직업과 직무를 수행하고 있는 사람들 인터뷰를 시도해 본다면 이 정보가 직무를 이해하고 준비함에 있어서 매우 유용하게 활용될 것이다.

표 9-2 정보면접 보고서

<table>
<tr><td>1. 관심(희망) 직무</td><td></td><td>2. 방문일자</td><td></td></tr>
<tr><td rowspan="4">3. 인터뷰 대상자</td><td>직무</td><td colspan="2"></td></tr>
<tr><td>직급</td><td colspan="2"></td></tr>
<tr><td>소속(경력)</td><td colspan="2"></td></tr>
<tr><td>선정 이유</td><td colspan="2"></td></tr>
</table>

4. 해당 직업(직무)에 대해 새롭게 알게 된 사항

5. 추가로 소개 받은 인맥

3 적용 및 실제

1) 전공 유망직업

※ 전공과 관련된 유망한 직업과 특징을 알아보자.

순위	직업	특징(필요한 자격, 역량 등)
1		
2		
3		
4		
5		
유망하고 자신이 원하는 직업에 종사하기 위해 준비해야 할 일		

2) 관심 직업 조사 및 탐색

※ 관심 직업 조사하기

관심 직업(직무)	전공과 연관성	자격 요건 (인턴, 교육, 자격증 등)	준비된 사항 및 선택 이유
	□유 □무		
	□유 □무		
	□유 □무		
	□유 □무		
	□유 □무		

※ 내가 가장 희망하는 직업 탐색하기

희망 직업명		
나의 특성 분석	1. 흥미유형	
	2. 적성	
	3. 가치관	
	4. 성격	
	5. 취미/기타	
하는 일		
요구 되는 자격 조건	학력 수준	
	전공	
	자격증	
	기타	
달성할 수 있는 방법		
전망		
보수 및 복지		
취업에 필요한 과정		

제 10 장 생산성 관리(업무 수행성과)

1 자기 생산성(업무 수행성과) 개념

생산성은 어떤 재화를 생산하는 과정에서 생산요소와 얼마나 효율적으로 결합했는가를 산출량의 비율로 나타낸 것이다. 즉, 생산성은 인풋(input, 생산요소 투입)과 아웃풋(out put, 경제적으로 유용한 산출)의 비율로 정의할 수 있다. 여기서 산업, 기업, 공장은 물론 개별 수준에서의 생산성을 규정할 수 있다. 그렇다면, 자신의 생산성이란 무엇을 의미하는가? 마치 뇌가 자기와 관련 있는 물질을 스스로 생산하듯, 생명체들은 생명을 유지하기 위해 자기 스스로 무언가를 끊임없이 생산하는 일에 지속적인 노력을 기울인다. 이러한 과정을 자기 생산성이라고 한다.

동일한 자원을 투입하고 더 많은 성과를 올릴 수 있는 방법이 있을까? 이는 모든 사람의 주요 관심사다. 모든 조직의 구성원들은 Plan-Do-See의 경영 사이클을 통해 극히 일부 업무만 수행하고 있으며, 특히 대부분의 구성원은 Do의 업무를 담당하고 있다. 이를 구성원 개인 단위로 살펴보면, 그들의 업무는 극히 한정적이다.

기업은 구성원들의 업무 실행을 통해 성과를 올린다. 그러므로 기업이 얼마나 강력한 실행 체제를 갖추고 있는가에 따라 경쟁력은 많은 차이를 보인다. 이는 모든 직원이 일선 현장에서 생산성을 높이기 위한 전략적인 업무를 수행할 때, 비로소 최고의 실행이 가능하기 때문이다. 또한 자신의 일을 의미 있고 가치 있는 것으로 인식하는 구성원들이 많을수록 생산성은 더욱 향상된다. 따라서 일을 통해 개인의 행복과 삶의 질이 동시에 향상될 수 있도록 구조를 변화하는 것도 매우 중요하다. 일과 삶의 균형이 이루어지면, 각 구성원의 삶의 질이 높아짐은 물론 생산성 또한 올라간다.

2 자기 생산성(업무 수행성과)을 높이기 위한 행동전략

1) 자기 생산성 행동전략

직장인들에게 자기개발이란 직장에서 업무 수행성과를 높이는 것이다. 여기에는 시간 및 물질과 같은 자원, 업무 지침, 개인의 능력(지식이나 기술 등), 상사나 동료의 지원 등이 중요한 요인이 된다.

업무 수행성과를 높이기 위한 행동전략은 다음과 같다.

(1) 자기자본 이익률(ROE)을 높인다.

자기자본 이익률(ROE)을 높이는 것은 최근 모든 기업의 전략기획에 해당된다. 자기자본 이익률이란 기업에 투자한 주주들의 자본을 사용해 경영자가 어느 정도 이익을 올리고 있는가를 나타내는 지표를 의미한다. 이는 기업의 당기순이익을 자기자본으로 나눠 산출한다. 이와 마찬가지로, 개인의 업무 수행에서도 자기자본 이익률을 높이기 위한 전략이 필요하다. 이를 위해 자신의 생활을 전략적으로 기획하고, 정한 시간 내 목표 달성을 위해 어떤 전략이 가장 효과적인지 심각하게 고민해 봐야 한다.

(2) 일을 미루지 않는다.

"일을 미루지 않고, 가장 중요한 일을 먼저 처리하는 것!" 이것은 성공한 사람들의 가장 중요한 자기경영 습관 중 하나다. 일을 하나둘 미루고 급하게 처리하다 보면, 어느새 다른 일도 지속적으로 밀리기 마련이다. 그러면 일을 처리하는 데 있어 최선을 다할 수 없게 된다. 따라서 처리해야 할 일이 있다면, 미루지 말고 지금 바로 실행하는 습관이 필요하다.

(3) 업무를 묶어서 처리한다.

10개의 비슷한 업무를 한꺼번에 처리하면 어떤 결과를 얻을 수 있을까? 처음 일을 하는 데 드는 시간의 20% 정도밖에 걸리지 않을 정도로 효율적인 결과가 발생할 것이다. 직장인들의 업무는 대부분 그 속성이 서로 비슷하다. 따라서 한 번 움직일 때 여러 가지 일을 한 번에 처리한다면, 반복적인 이동을 지양해 경로를 단축시키는 등 업무의 효율성을 높일 수 있다.

(4) 다른 사람과 다른 방식으로 일한다.

일하는 방식을 다르게 한다면, 다른 사람들이 발견하지 못한 더 좋은 해결책을 발견하는 경우가 종종 있다. 일하는 순서를 다른 사람과 거꾸로 생각하고, 다른 사람이 하는 일에 "아니오."라고 대답해 보자. 이처럼 다른 사람과 구분되는 일 처리 방법을 생각해 보면, 더욱 차별적인 방법을 발견할 수 있음은 물론 업무 성과도 높일 수 있다.

(5) 회사와 팀의 업무 지침을 따른다.

직장인이라면 누구나 자신이 속한 회사나 팀의 업무 지침을 따라야 한다. 아무리 일을 열심히 하는 능력 있는 사람이라도 회사 혹은 팀 내 지침을 따르지 않으면 업무수행능력을 인정받지 못한다. 특히 회사 내 팀은 변화하는 환경에 따라 그 분야의 전문가들로 구성된 조직이다. 그러므로 기본적인 업무 지침 사항은 반드시 따라야 하며, 그 속에서 자신만의 색다른 방식을 발견하는 것이 좋다.

(6) 역할 모델을 설정한다.

직장에서 가장 일을 잘한다고 평가받는 사람은 어떻게 일을 하고, 어떻게 보고하고, 어떻게 말을 하는지 살펴보자. 그들을 주의 깊게 살펴보고, 그 사람을 따라 자신의 업무 스타일에 변화를 줘 보자. 그러면 자신도 모르는 사이에 그 사람과 같이 혹은 그 사람보다 더 높은 업무 수행성과를 올리고 있는 자신을 발견할 수 있을 것이다.

(7) TO DO LIST를 활용한다.

해야 할 일을 적으라고 하면, 대다수는 '생각나는 대로' 적는다. 그러나 자신에게 주어진 최대 시간과 목록의 일들을 모두 마무리했을 때 소요되는 시간을 미리 계산한 후 그 리스트를 현실에 맞게 업그레이드해야 체계적인 To do list를 만들 수 있다. 'To do list'가 비현실적이라면, 그 순간 'Dream list'로 전락하고 만다.

(8) 자투리 시간을 활용한다.

"쉬는 시간 관리자"가 되어야 한다. 5분, 10분 동안 할 수 있는 일을 찾아서 함으로써 자투리 시간을 활용해야 한다.

☑ **자투리 시간 활용 방법**

5분 : 5분 이내의 통화, 문자 보내기, 줄넘기, 명언이나 단어 외우기 등
10분 : 10분 이내의 영어회화 공부, 신문 읽기, 음악 감상 등
30분 : 30분 이내의 책상정리, 걷기, 기사 또는 책 읽기 등

(9) Yes or No를 분명하게!

자신에게 주어진 시간은 한정적인데, 해야 할 일이 자꾸 추가된다면 어떻게 해야 할까? 이때는 오늘 해야 할 일의 목록과 주어진 시간, 상황 등을 전반적으로 고려하고, 할 수 없는 일에 대해서는 당당하게 NO를 외쳐야 한다.

(10) 커뮤니케이션 역량은 습관화하는 것이다.

☑ **커뮤니케이션 역량 강화 핵심 기법**

① 어느 위치에서나 상대의 입장을 헤아린다.

② 어떻게 하면 상대가 쉽게 알아들을까, 계속 고민한다.

③ 많은 사례에 대해 공부한다.

④ 울림이 있는 목소리로 또박또박 말하는 연습을 한다.

2) 자기 생산성(업무 수행성과)을 높이는 태도

(1) 주도성(Proactive)

① 누군가의 요청이나 지시가 없더라도 잠재적인 문제를 생각하고 또 그 문제를 해결하기 위해 적절한 방식을 선택한다.

② 좀 더 효과적인 절차 · 방법 · 기술 등을 모색해 업무수행능력을 높인다.

③ 특정한 기회를 미리 예측하고 준비하며, 이를 최대한 활용한다.

④ 장기적인 관점으로 상황을 예측하고, 이에 철저히 대비한다.

(2) 긍정적 자세(Positivity)

① 누군가 업무 지시를 한다면 의무감이 아닌 즐거운 마음으로 임한다.

② 긍정적인 언어를 사용한다.

③ 자신의 능력이 충분하다는 믿음을 갖는다.

④ 약점을 탓하기보다 강점을 찾는다.

⑤ 극단적인 상황에서도 포기하지 않는다.

⑥ 현상의 낙관적 측면에 주의를 기울여 해결 방안을 적극적으로 모색한다.

⑦ 합리적으로 행동한다.

⑧ 무조건적인 비판을 삼간다.

(3) 열정(Passion)

① 모든 일에 적극적인 태도로 임한다.

② 스스로 동기부여를 하고, 성취 기준을 높게 설정한다.

③ 어떤 일이 주어진다면 그 이상을 기꺼이 수행한다.

④ 조직 목표를 성취하는 데 몰입한다.

⑤ 장기간 높은 활동 수준을 일관되게 유지한다.

⑥ 모든 도전을 기회로 생각한다.

(4) 창의성(Creativity)

① 과제 해결이나 업무 개선을 위한 방법을 고안할 때는 풍부한 상상력과 함께 유연한 자세로 대처하고, 참신한 의견을 낸다.

② 기존의 패러다임에 얽매이지 않고, 발상의 전환을 통해 생산적이고 새로운 아이디어를 창출해 이를 현실화한다.

③ 업무에 대해 전체적으로 통찰한다.

④ 자신의 업무에서 새로운 도전과 개선의 가능성을 찾아낸다.

⑤ 새로운 방식에 거부하기보다 이를 적극적으로 수용한 후, 여기에서 발생하는 실패와 교훈을 더 소중히 여긴다.

⑥ 새로운 아이디어와 방법을 신속하게 받아들이고, 자신의 업무 프로세스나 서비스에 접목한다.

(5) 도전(Challenge)

① 능력 이상의 높은 목표나 어려운 과제를 스스로 설정한 후, 이를 달성하기 위해 적극적으로 준비하고 추진한다.

② 실패나 난관에 봉착할지라도 쉽게 좌절하지 않으며, 승부 근성을 갖고 과감하게 도전해 계획한 목표를 달성한다.

③ 용기와 신념으로 무장해 최고의 성과를 달성한다.

④ 새로운 업무는 자발적으로 수용한다.

⑤ 어느 정도 위험을 감수하며, 목표는 물론 새로운 가치 창출을 위해 노력한다.

⑥ 잘 모르는 분야가 있다면, 주위의 도움이나 자기계발을 통해 반드시 성취한다.

⑦ 주어진 업무나 목표에 안주하지 않는다.

⑧ 강한 승부욕으로 끈기 있고 적극적으로 업무를 수행한다.

3 셀프 리더십과 생산성

1) 셀프 리더십의 개념

셀프 리더십은 개인이 목표한 바를 이루기 위해 생각과 행동을 규제하는 능력을 의미한다. 즉, 삶의 비전을 정하고 효과적으로 자신을 관리하고 그 방향으로 자신을 이끌어 가는 것이 셀프 리더십이다.

셀프 리더십(self leadership)은 비전(목표)을 실현하기 위해 요구되는 변화를 수용하고, 스스로 영향력을 발휘할 때 비로소 완성된다. 즉, 셀프 리더십은 자기 스스로 영향력을 발휘하는 지속적인 과정을 통해 이루어진다. 개인적인 목적을 달성함에 있어 스스로 동기부여할 수 있도록 자신에게 맞는 틀을 개발하는 것이 무엇보다 중요하다. 또한 셀프 리더십은 우리가 간절히 원하는 일을 수행할 때 스스로 투입할 수 있는 자발적인 노력이 필요하다. 이때 자신을 먼저 리드할 줄 알아야 비로소 다른 사람들을 효과적으로 리드할 수 있다는 것을 명심해야 한다. 뿐만 아니라 셀프 리더십은 자신을 스스로 리드해, 참된 자신의 리더로 실현되는 과정이라는 것을 염두에 두고 있어야 한다. 자신의 유일한 리더는 오직 자기 자신뿐이다. 당신이 바로 자기 자신의 리더이다.

외부 환경에 의해 변화의 속도가 점차 빨라지고 또 그만큼 새로운 도전에 많이 대응해야 하는 현대인들을 위해 셀프 리더십이 출현한 것이다. 따라서 모든 구성원은 일상생활 속에서 각자 리더의 역할을 자처해야 한다.

셀프 리더십에 있어 자기변화가 기본이며, 자기 자신에 대한 많은 성찰을 요구한다. 또한 자기관리에 있어 매우 중요한 요소로 인식되고 있다. 즉, 셀프 리더십은 자신을 완벽하게 리드하는 내면으로의 여행이다. 이를 통해 팀의 변화는 물론 더 나아가 회사 차원의 변화도 주도할 수 있다. 셀프 리더십이란 개인 또는 조직의 목표를 달성하기 위해 자기지시와 동기부여를 통하여 스스로 노력하는 과정이다(Neck, Stewart & Manz, 1995). 이러한 셀프 리더십은 선천적으로 타고나는 것이 아니라 교육을 통해 얻어질 수 있으며 누구나 발휘할 수 있다고 본다.

2) 셀프 리더십의 전략

앞서 정의한 것처럼 셀프 리더십은 '스스로의 삶에 지속적인 영향력을 행사해 가치 있는 목표를 위해 자신을 이끄는 것'이라고 할 수 있다. 이는 타인을 향한 리더십에 대응해 자신에게 적용하는 셀프 리더십의 의미를 표현한 것이다. 진정한 리더는 자신이 해보지 않은 일을 남에게 요구하지 않는다. 그래서 자기 자신의 리더가 먼저 된 다음, 타인을 위한 리더가 되는 것이 순서다.

이와 같이, 셀프 리더십은 자신의 조직을 위해 자신의 삶에 지속적인 영향력을 행사한 후 자신이 먼저 올바로 서는 것이다. 이는 조직이 지향하는 목표를 향해 달려가고, 구성원들도 함께 나아가도록 이끌고 돕는 도구가 된다. 따라서 셀프 리더십을 키우기 위해서는 자신을 훈련하는 등 지속적인 노력을 기울여야 한다. 하지만 그 노력을 방해하는 게 바로 공명심이다.

공명심은 누구에게나 어느 정도 존재한다. 물론 성향에 따른 특별한 차이는 있다. 그러나 좋은 리더란 자신의 내면에 자리하고 있는 공명심을 적절히 제어할 수 있어야 한다. 하지만 막상 그것을 실천한다는 것은 그리 쉽지만은 않다. 그래서 남 앞에서 리더인 척하기는 쉬워도, 떳떳한 셀프 리더를 자처하기는 어렵다. 그러므로 셀프 리더십의 향상을 위한 전략을 이해할 필요가 있다.

셀프 리더십은 행동 중심 전략, 자연적 보상 전략, 건설적 사고 전략으로 구성되어 있다. '행동 중심 전략'은 효과적인 행동에 초점을 두는 것으로 스스로를 리드하는 것이며(Houghton & Neck, 2002), 자신의 행동을 관찰하는 것으로부터 출발한다. 행동에 대한 이유와 목적을 스스로 인식한 후 성공적인 행동을 강화한다. 반면, 그렇지 않은 행동은 조절을 통해 변화를 유도해야 한다. '자연적 보상전략'은 일 자체에서 얻는 보람과 같이 일 자체에서 가치를 추구하는 것이다. 즉, 일이 가지고 있는 가치에 대한 몰입이나 신념, 즐거움 등을 수립하는 전략이다. '건설적 사고전략'은 바람직한 방향으로 사고를 수정하고 확립하는 방법에 초점을 두고 있다. 건설적 사고전략은 우선순위가 결정된 일들을 더욱 즐겁게 수행할 수 있도록 긍정적이고 바람직한 방향으로 생각하는 데서 출발한다.

(1) 행동 중심 전략(Behavior focused strategies)

스스로 리더가 되려면, 자기관리 전략을 통해 자신의 행동을 통제·조정할 수 있어야 한다. 이 과정에서 주변 환경을 자신에게 유리한 조건으로 변화시키고, 자신을 직접 통제할 수 있는 방법을 찾아 실천해야 한다. 자신의 행동과 원인을 관찰함으로써 자신을 효과적으로 관리하는 데 필요한 정보를 얻는다. 구체적인 행동 중심 전략으로는 자기목표 설정(self-goal setting), 단서 관리(management of cue), 예행연습(rehearsal), 자기관찰(self-observation), 자기보상(self-reward), 자기비판(self-punishment)이 있다.

(2) 자연적 보상전략(Nature reward strategies)

자연적 보상은 업무를 통해 자연스럽게 얻어지는 긍정적 경험에서 발생하는데 몰입, 자기존중, 동기유발 등의 보상을 의미한다. 일을 성취하였을 때 자기유능감이 자연적으로 발생하며 목적의식이 강화된다.

(3) 건설적 사고전략(Constructive thought strategies)

만즈와 심즈(Manz & Sims, 1991)에 의하면 건설적 사고전략은 바람직한 방향으로 사고를 수립하기 위하여 정보를 효과적으로 인지하고 처리할 수 있는 사고에 초점을 맞추고 있다. 즉, 사고를 의도적으로 통제함으로써 자신에게 영향력을 행사는 것이다. 건설적 사고 유형은 신념과 가정(beliefs and assumption), 정신적 이미지(mental imagery), 자신과의 긍정적인 대화(positive self-talks)로 이루어져 있다.

이 세상에는 스스로 엄격한 훈련을 통해 존경 받는 리더가 적을 수밖에 없다. 몇 안 되지만, 존경 받을 만한 리더는 사람들의 마음속에 오래 남게 된다. 그렇다면 셀프 리더가 되기 위해서는 체계적인 전략을 세우며 관리해 나가야 한다. 셀프 리더가 되기 위해서는 우선, 두 가지 상반된 방향성에 주목해야 한다. 첫째, 자신을 제어할 수 있어야 한다. 즉, 셀프 컨트롤(self-control)이다. 둘째, 자존감(self-esteem) 상승이다. 이 두 가지는 서로 상반된다.

셀프 컨트롤은 '자신을 누르라'는 의미로, 일종의 통제인 셈이다. 반면, 다른 하나인 '자존감을 키운다.'는 의미로, 자신을 올리는 것이다. 물론, 자신을 높이 올린다는 말이 교만함을 의미하지는 않는다. 또한 자존심을 세우라는 것은 더더욱 아니다. 그저 내 자신을 사랑하는 자존감을 키우라는 것이다.

즉 자기 관리의 측면을 보면, 자기 자신을 누르고 제어한다는 것은 적당한 브레이크 시스템을 갖추라는 의미로 해석된다. 성능이 아무리 좋은 자동차도 브레이크 시스템에 문제가 생기면 대형 참사로 이어진다. 성능이 좋은 것이 오히려 문제를 더

키울 수 있다는 것을 반증한다. 무엇이든지 과하면 모자람만 못한 것이 세상의 이치다. 그런 의미에서 자기 관리가 무엇보다 중요하다는 것은 더 말할 필요가 없다.

이런 노력을 부단히 노력해갈 때 개인의 발전은 물론 조직에서의 생산성도 함께 성장하게 될 것이다.

4 적용 및 실제

1) 개인 사명서 작성하기

인생의 목표를 확립하고 실천하기 위해 '개인 사명서'를 작성해 보자. 이것은 인생의 목적을 명확하게 만들고, 가치관이나 역할과는 또 다른 측면에서 당신의 '가장 소중한 것'을 분명하게 해줄 것이다.

- 어떤 사람이 가장 되고 싶은가?
- 내 인생에서 하고 싶은 것은 무엇인가?
- 내 개인 생활에서 가장 가치 있는 활동들은 무엇인가?
- 나에게는 어떤 재능과 능력들이 있는가? 또는 어떤 것을 원하는가?
- 어떻게 하면 내가 사회에 가장 많이 공헌할 수 있는가?

03부 자기관리능력

개인 사명서

2) 역할 모델 설정하기

나만의 영웅 멘토 찾기

자신이 닮고 싶은 인물을 찾아보고,

어떤 특성을 어떤 상황에서 발휘하고 싶은지 써 보자.

〈멘토 1〉

- 이름 :
- 닮고 싶은 특성 :
- 어떤 상황에서 사용할까? :

〈멘토 2〉

- 이름 :
- 닮고 싶은 특성 :
- 어떤 상황에서 사용할까? :

〈멘토 3〉

- 이름 :
- 닮고 싶은 특성 :
- 어떤 상황에서 사용할까? :

04부

경력개발능력

개관

경력개발능력은 자신의 진로에 대하여 단계적 목표를 설정하고 목표 성취에 필요한 역량을 개발해 나가는 능력이다. 자신의 경력단계를 확인하고 이에 따른 경력개발 계획을 수립할 수 있는 능력을 개발하는 것이다.

학습목표

1. 합리적 의사결정의 의미와 과정을 알 수 있다.
2. 경력개발의 의미와 경력단계별 특징을 이해하여 경력개발 계획을 수립할 수 있다.
3. 경력개발과 관련된 최근의 이슈를 알 수 있다.

제 11 장 합리적 의사결정

1 합리적 의사결정의 개념

사람은 누구나 매번 선택의 순간을 맞이한다. 지극히 단순하고 반복적인 의사결정에서 시작해 고난도의 의식적 판단을 통해 문제를 해결해야 하는 순간도 있다. 이는 비단 개인의 문제를 넘어 조직 운영에도 반영된다. 경영자의 의사결정은 기업의 생사를 판가름하는 등 미래를 좌우하는 매우 중요한 과정이다. 개인과 경영자 모두 자신이 처해 있는 상황에서 합리적인 의사결정을 통해 자신이 나아갈 방향을 결정하게 된다.

합리적 의사결정이란 문제와 기회를 인식하고 그 문제를 해결하기 위한 최적의 대안을 찾아, 가장 좋은 대안을 선택 · 실행하는 과정을 의미한다. 의사결정이란 좁은 의미에서 볼 때 여러 가지 행동 대안 중에서 하나를 선택하는 것이고, 넓은 의미에서 볼 때는 최종 대안을 선택하기까지의 모든 과정을 포함한다.

따라서 합리적 의사결정은 최적의 선택적 행위이자, 의식에 기초한 정신적 과정임은 목표 지향적이라고 할 수 있다. 의사결정은 한순간에 이루어지지 않는다. 의사결정을 위해서는 충분한 시간과 노력이 필요하다.

조직의 구성원들은 이따금씩 자신의 능력과 한계를 시험하는 듯한 다양한 정보와 문제를 해결하기 위해 힘겨운 사투를 벌이기도 한다. 이상과 현실, 간편함과 복잡함, 최선과 적합, 독단과 합의……. 이와 같은 양극의 가치관은 구성원들에게 매번 판단과 선택 그리고 결단을 요구한다. 뿐만 아니라 업무의 우선순위 결정, 이직 결심, 무리한 요구에 대한 거부 의사 표시 등의 난관에 부딪치곤 한다.

최근에는 일과 생활의 균형(Work-Life Balance)이 중요하고, 이런 현실에서 의사결정을 통해 서로 상반되는 요인의 균형을 유지하기란 결코 쉽지 않다. 경우에 따라 의사결정은 개인의 일시적인 시간 낭비나 재정 지출로 이어질 수 있다. 심지어 개인의 미래가 바뀔 수 있으며, 조직의 운명을 송두리째 바꾸기도 한다. 따라서 문제의 본질을 파악하고 최적의 대안을 찾는 것이야말로 합리적인 의사결정 과정의 핵심이라고 할 수 있다.

2 합리적 의사결정 과정

1) 합리적 의사결정 과정 수립

직장 생활을 하다 보면 크고 작은 의사결정을 해야 할 때가 많다. 업무 중복으로 인한 우선순위 결정, 이직 결심, 무리한 요구에 대한 거절 의사 표시 등 수많은 사안에 대해 매순간 의사결정을 내려야 한다. 합리적 의사결정을 위해 우선 자신의 목표를 정하는 것이 무엇보다 중요하다. 그런 다음 몇 가지 대안을 떠올린 후 실행 가능성이 가장 높은 최상의 조건을 선택해 실행하면 된다.

합리적인 의사결정과정은 다음과 같다.

- 1단계 : 문제의 근원을 파악한다. 의사결정에 앞서서 문제에 대한 올바른 인식과 정의가 필수적이고, 문제의 유형을 파악하는 중요한 절차다.
- 2단계 : 의사결정 기준과 가중치를 설정한다. 문제의 해결 방안들을 발굴해 비교·평가하기 전에 일정한 평가 기준을 마련해야 한다. 평가 기준은 개

인 또는 조직의 비전이나 사명과 관련된 방향성과 부합해야 한다.

- 3단계 : 의사 결정에 필요한 정보를 수집한다. 문제에 대해 올바른 의사결정을 할 수 있도록 필요한 정보들을 수집하는 것이 중요하다.
- 4단계 : 가능한 모든 대안을 탐색한다. 문제에 대한 올바른 정의와 대안을 평가할 수 있는 기준이 마련되면, 문제를 해결할 수 있는 실질적인 대안들을 강구해 그 중에서 최적의 대안을 선택해야 한다.
- 5단계 : 각 대안을 분석 및 평가한다. 여러 대안 중 최적의 대안을 선택할 때는 조직의 가용자원 내에서 그 대안의 실현 가능성과 문제해결을 위한 적합성 등을 먼저 고려해야 한다.
- 6단계 : 최적안을 선택한다. 여러 대안에 대해 충분히 검토한 후 최적의 대안을 선택해야 한다.
- 7단계 : 의사결정 결과를 평가하고 피드백한다. 모든 의사결정 과정을 거친 후 대안을 실행했다면, 반드시 피드백을 거쳐야 한다. 그 성과를 단기간에 파악하기란 쉽지 않은 일이다. 그러나 이 과정을 통해 다음에 이와 비슷한 문제가 발생하더라도 당황하지 않고 핵심문제를 쉽게 관찰할 수 있기 때문에 이 과정은 반드시 거쳐야 한다.

표 11-1 합리적 의사결정 과정

단계	내용
1	문제의 근원을 파악한다.
2	의사결정 기준과 가중치를 설정한다.
3	의사결정에 필요한 정보를 수집한다.
4	가능한 모든 대안을 탐색한다.
5	각 대안을 분석 및 평가한다.
6	최적안을 선택한다.
7	의사결정 결과를 평가하고 피드백 한다.

의사결정자는 자기탐색의 과정을 거친 후 의사결정을 위한 기준을 세워야 합리적 의사결정을 할 수 있다. 또한 가능한 모든 평가 기준과 대안을 찾아야 하고, 다른 문제와 연계되지 않은 정보 수집이 원활해야 한다. 특히, 각 대안에 대한 객관적이고 정확한 평가가 필수적 요소로 작용한다.

2) 합리적 의사결정의 특징

사람들마다 의사결정의 순간에 각기 다른 성향과 특징이 나타나게 된다. 의사결정의 유형별 특징을 통해 직장 생활과 사회생활에서 지혜롭고 신중한 자기관리를 할 수 있다.

표 11-2 의사결정별 특징

유형	유형별 주요 특징
계획형	의사결정을 전체적이고 종합적인 시각에서 볼 수 있다. 자신의 욕구와 환경을 고려하고 다양한 정보를 수집하고 논리적으로 결정을 내리며그 결정에 책임을 진다. 자신에 대한 이해 수준이 높다. ① 의사결정이 신중하고 합리적이다. ② 심리적 독립과 성장에 도움이 된다. ③ 잘못되거나 실패할 확률이 낮다. ④ 의사결정에 시간이 걸린다.
직관형	미래보다는 현재의 의식세계 밑에 있는 직관(바람직하다고 느껴지는 것)에 의해 결정한다. 다양한 정보를 수집하기보단 현 상황에 대한 감정과 원하는 것에 주의를 기울여 결정을 내리며, 그 결정에 대해서는 책임을 진다. ① 의사결정이 즉흥적이고 감정적이다. ② 스스로의 선택에 책임을 진다. ③ 자신과 상황에 대해 정서적이고 상상력을 갖고 평가한다. ④ 의사결정이 신속하고 빠르다.
의존형	사회적 인정에 대한 욕구가 강하고 의사결정상황이 여러 가지에 제한받는다고 생각한다. 의사결정과정에서 타인(환경)의 기대와 요구에 영향을 많이 받고, 결정에 대해서도 책임을 회피하려 하는 성향이 있다. ① 의사결정이 수동적이고 순종적이다. ② 개인적 독립이나 성숙을 방해한다. ③ 실패했을 때 책임을 전가한다. ④ 의사결정에 정서적으로 불안을 느낀다.

TIP 합리적 의사결정을 위한 질문법

▮표 11-3 5W 1H 질문법

5W 1H	질문 형태	체크 포인트
Why	왜 하는가?	목적 확인, 꼭 해야 하는 이유는? 중지하거나 변경하면 어떨까?
When	언제 할 것인가?	시기, 시간 확인 동시에 할 수 없는가?
Who	누가 하는가?	사람을 바꿀 수 없는가? 그 사람이 추가로 담당하면 어떨까?
Where	어디서 할 것인가?	장소를 바꿀 수 없는가? 같은 자리에서 할 수 없는가?
What	무엇을 할 것인가?	대상 확인 그것이 아니면 안 되는가?
How	어떻게 하는가?	방법 확인 다른 방법은 없는가?

▮그림 11-4 자신과 환경정보 인지 여부에 따른 의사결정

3) 거절의 의사결정

자신에게 정중하게 부탁하는 사람에게 "아니오!"를 외치며 자신의 생각을 분명하게 표현한다는 것은 결코 쉽지 않다. "다른 사람들이 나를 능력 없는 사람으로 취급하지 않을까?", "예의가 없는 사람이라고 생각하지 않을까?", "내가 거절하면 그 사람과의 관계가 끊어지지 않을까?" 대부분 사람들은 이러한 고민에 빠져 거절의 의사결정을 쉽게 내리지 못한다.

따라서 거절의 의사를 결정하기 전에는 다양한 변수를 고려해야 한다. 이 일을 거절했을 때 발생되는 문제점은 무엇인지, 이 일을 수락했을 때 기회비용은 어느 정도인지를 고민한 후 거절 여부를 결정할 수 있는 의지를 확고히 해야 한다.

거절 의사결정 후 이를 표현하기 위해서는 다음 사항에 유의해야 한다.

- 상대방의 말을 들을 때, 주의를 기울여 문제의 본질을 파악한다.
- 거절의 의사결정은 빠를수록 좋다. 오래 지체할수록 상대방은 긍정의 대답을 기대하게 되고, 의사결정자는 거절이 더욱 어려워진다.
- 거절을 할 때는 분명한 이유를 알려줘야 한다.
- 대안을 제시한다.

3 적용 및 실제

1) 인생 그래프 그리기

☑ 나의 인생 그래프를 그려 보자.

① 그래프의 가로축은 나이, 세로축은 감정지수를 나타낸다. 당신이 살아오면서 겪었던 의미 있는 사건들을 그래프 안에 점으로 표시한다. 그리고 점 옆에 그 사건에 대해 간단히 설명한다. 또 앞으로 경험하게 될 사건들도 함께 표시해 본다. 다 표시했다면, 그 사건들을 선으로 이어 꺾은선 그래프를 완성한다. 이 형태가 바로 당신만의 인생 그래프인 것이다.

② 작성할 공간이 부족하다면, 그래프의 모양을 변경하거나 그래프 양식을 직접 제작해도 된다.

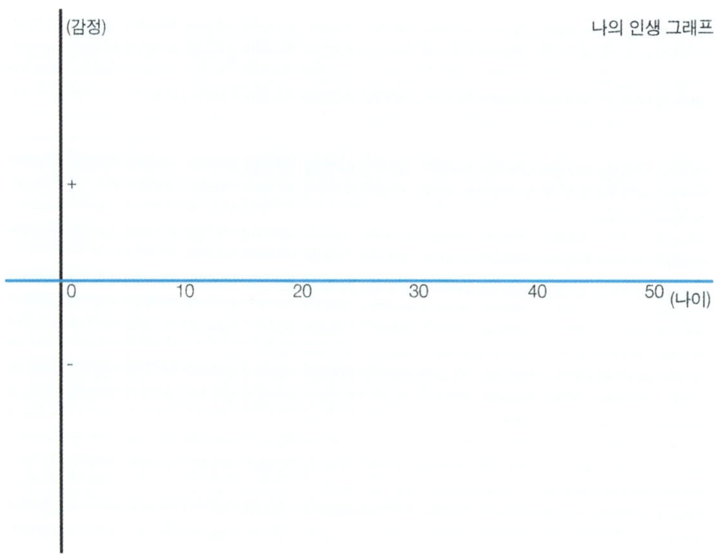

2) 합리적인 의사결정

만약 당신이 인생 그래프대로 계획한 시기에 목표를 달성했다면, 그때 발생할 수 있는 일에 대해 상상해 보자. 당신은 어떤 결정을 내릴 수 있을까?

예시 :

나이		목표		사건
40세	→	팀장	→	조직 단합이 약할 때

나는 어떤 결정을 내릴까?
조직 단합을 위해 단합 대회를 개최한다.

ex) 회사를 그만두어야 하는 상황에서
나에게 청탁이 들어온다면
돈을 빌려 달라는 친구에게
내 자식이 탈선하기 시작할 때

상황 :

나이		목표		사건
	→		→	

나는 어떤 결정을 내릴까?

제 12 장 경력개발능력의 이해

1 경력개발이란?

우리는 일을 하며 직업을 가지고 살아가며, 이를 통해 자아를 실현하게 된다. 그러나 모든 사람이 같은 직업을 가지고 있지 않으며, 그 직업이나 직무 혹은 그에 해당하는 직위를 평생 유지하지도 않으며 각기 다른 경로로 살아간다. 이렇듯 모든 사람이 각자 나름대로 살아가는 인생 행로를 진로라고 할 수 있다. 한 개인의 삶이 곧 진로이며, 우리의 삶이 일과 밀접한 관련이 있기 때문에 진로는 일과 관련된 인생 행로라고도 할 수 있다.

1) 경력의 개념

우리는 살아가는 일생에 걸쳐서 지속적으로 일과 관련된 경험을 하고 있으며 이를 경력이라고 한다. 일과 관련된 경험은 직위, 직무와 관련된 역할이나 활동뿐만 아니라 여기에 영향을 주고받는 환경적 요소도 포함한다. 또한 경력은 전문적인 일이나 특정 직업에만 한정된 개념은 아니며, 승진만을 추구하지 않는다. 누구든지 일과 관련된 활동을 하고 있으면 경력을 추구하는 것이다. 모든 사람은 각자 독특한 직무, 지위, 경험을 쌓기 때문에 각자 나름대로 독특한 경력을 추구하게 된다.

개인은 직무가 변화되는 외부적인 상황의 변화나 개인의 기대나 목표가 변화되는 주관적 인식의 변화에 따라 자신의 경력을 개발할 수 있다. 외부적 상황의 변화와 주관적 인식의 변화는 서로 연쇄적으로 이루어진다. 따라서 경력개발은 개인이 경력목표와 전략을 수립하고 실행하며 피드백하는 과정으로, 개인은 한 조직의 구성원으로서 조직과 함께 상호작용하며 자신의 경력을 개발해 나간다.

경력은 개인이 일생에 걸쳐 일을 중심으로 준비하고, 경험하며, 수반되는 삶 전반의 다양한 역할을 의미한다.

2) 경력개발능력의 필요성

현대사회의 지식정보는 매우 빠른 속도로 변화하고 있으며, 이는 개인이 속한 조직과 일에 영향을 미친다. 또한 조직 내부적으로 경영전략이 변화하거나 직무환경 변화 등의 문제를 겪게 된다. 개인적으로도 발달단계에 따라 일에 대한 가치관과 신념 등이 바뀌게 된다. 따라서 직업인들은 개인의 진로에 대하여 단계적 목표를 설정하고 목표성취에 필요한 능력을 개발해 나가야 한다.

최근의 기업들은 'Best People'이 아닌 'Right People'을 선호한다. 즉, 모든 분야에서 최고의 지원자를 선호했다면, 현재는 지원한 기업에서 요구하는 최적의 인재를 선호하는 방향으로 변화되었다. 그러므로, Over spec이 아닌 'On spec'을 쌓아야 한다. 본인이 지원하는 업무와 무관한 여러 가지 역량은 의미가 없고, 지원한 직무를 수행하는 데 필요한 적절한 직무 기술 관련 역량이 필요한 것이다. 특히, 기업에 맞는 맞춤형 인재가 되어야 하는데 '맞춤형 인재'란 자신이 하고자 하는 일에 흥미, 적성, 성격이 잘 맞고, 관련 분야와 자격증이 전공과 관련이 있고, 관련 분야에 대한 경험과 열정을 가지고 있는 인재를 의미한다.

맞춤형 인재가 되기 위해 중요한 경력관리는 자신이 지원하고자 하는 일과 관련된 국내외 인턴십, 공모전, 관련 직무의 아르바이트 등을 쌓아 놓는 것이 중요하다.

직업의 전문화 시대에 맞춰 자격증은 자신의 능력을 공식적으로 인정을 받고, 되고, 하고자 하는 일에 대한 열정을 증명할 수 있는 척도가 되고 있다. 다음의 주요 컴퓨터 관련 자격증과 시행기관에 대해 알아두도록 하자.

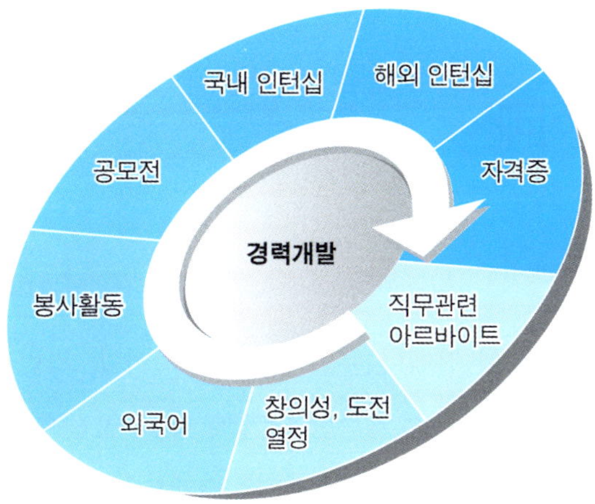

그림 12-1 맞춤형 인재가 되기 위한 경력개발 쌓기

자격증명	내용	시행기관
워드 프로세스	워드프로세싱 프로그램 운영 및 편집능력 평가	대한 상공회의소
컴퓨터활용 능력	스프레드시트(Spread sheet), 데이터베이스(Database) 활용능력 평가	대한 상공회의소
정보처리 산업기사	컴퓨터 시스템을 통한 정보처리 전반에 관한 업무수행능력 평가	한국산업 인력공단
정보처리 기능사	컴퓨터 초급 수준의 지식과 기술을 평가	
MOS MOSTER	Word, Excel, Power Point, Access 등 실제 활용 능력을 측정	YBM 시사
ITQ	정보기술 관리 및 실무능력 수준 평가 및 인증하는 자격시험(정보통신부)	한국 생산성본부

2 경력단계의 이해

1) 개인의 경력단계

경력개발은 일과 관련되어 일어나는 연속적인 과정이다. 경력개발 단계에 대한 많은 모형들이 있으며, 이 모형들은 일정한 단계에 따라 점진적으로 진행되며 대략적인 연령범위를 설정하고 있다. 예를 들어, 경력단계모형은 시작단계에서 특정 직업을 선택하고 계속적으로 동일한 경력분야에서 일을 해나가는 것을 가정한 것이다. 그러나 개인별로 입직시기도 다르고, 상황이 달라서 경력단계를 연계시켜 일반화하는 것은 어렵다. 따라서 일반적으로 다음과 같이 직업선택, 조직입사, 경력 초기, 경력 중기, 경력 말기로 나누어 볼 수 있으며, 성인 초기에 직업을 선택하고, 조직에 입사하여 경력 초기의 과정을 거치며, 성인 중기에 경력 중기 및 경력 말기의 과정을 성인 말기에 경력 중기와 경력 말기의 생산성을 유지하고 퇴직을 준비하는 과정을 거친다.

(1) 직업선택

이 단계는 자신에게 적합한 직업이 무엇인지를 탐색하고 이를 선택한 후, 여기에 필요한 능력을 키우는 과정이다. 이를 위해서 자신의 장단점, 흥미, 적성, 가치관 등 자신에 대한 탐색과 자신이 원하는 직업에서 요구하는 능력, 환경, 가능성, 보상 등 직업에 대한 탐색이 동시에 이루어져야 한다. 이를 고려하여 자신에게 적합한 직업을 선택하고, 공공 혹은 민간의 교육프로그램에 참여하거나, 자격증을 취득하는 등 직업역량을 배양시킨다. 이 단계는 일반적으로 태어나면서부터 25세까지로 구분되지만, 사람에 따라서 직업선택은 일생 동안 여러 번 일어날 수도 있다.

(2) 조직 입사

자신의 일의 세계가 결정되면 그 일을 수행할 조직에 들어가게 된다. 이 단계에서는 일반적으로 학교를 졸업하고 자신이 선택한 경력분야에서 원하는 조직의 일자리를 얻으며, 직무를 선택하는 과정이다. 직무를 선택할 때도 직업선택 과정과 마찬가지로 환경과 자신의 특성을 고려해야 하며, 특히 자신이 들어갈 조직의 특성을 알아보아야 한다. 이 단계는 일반적으로 18~25세에 발생되나 각각의 교육 정도나 상황에 따라 조직 입사시기가 다를 수 있기 때문에 유동적이다.

(3) 경력 초기

조직에 입사하면 직무와 조직의 규칙과 규범에 대해서 배우게 된다. 특히 자신이 맡은 업무의 내용을 파악하고, 새로 들어간 조직의 규칙이나 규범, 분위기를 알고 적응해 나가는 것이 중요한 과제이다. 또한, 궁극적으로 조직에서 자신의 입지를 확고히 다져나가 승진하는 데 많은 관심을 가지는 시기이다. 경력 초기 단계는 일반적으로 25~40세까지의 성인 초기로 구분하지만, 무엇보다도 이 시기는 성공 지향적인 행동을 언제까지 하느냐로 구분될 수 있을 것이다.

(4) 경력 중기

경력 중기는 자신이 그동안 성취한 것을 재평가하고 생산성을 그대로 유지하는 단계이다. 그러나 경력 중기에 이르면 직업 및 조직에서 어느 정도 입지를 굳히게 되어 더 이상 수직적인 승진 가능성이 적은 경력 정체시기에 이르게 되며, 새로운 환경의 변화(과학기술, 관리방법의 변화 등)에 직면하게 되어 생산성을 유지하는 데 어려움을 겪기도 한다. 또한 개인적으로 현 직업이나 생활스타일에 대한 불만을 느끼며, 매일의 반복적인 일상에 따분함을 느끼기도 한다. 이에 따라 자신의 경력 초기의 생각을 재검토하게 되며, 현재의 경력경로와 관련 없는 다른 직업으로 이동하는 경력 변화가 일어나기도 한다. 이 단계는 일반적으로 40~55세의 성인 중기를 일컫는다.

(5) 경력 말기

경력 말기에 사람들은 조직의 생산적인 기여자로 남고 자신의 가치를 지속적으로 유지하기 위하여 노력하며, 동시에 퇴직을 고려하게 된다. 특히, 경력 말기로 갈수록 경력 중기에 경험했던 새로운 환경 변화에 대처하는 데 더 어려움을 겪게 되며, 퇴직에 대한 개인적인 고민과 함께 조직의 압력을 받기도 한다. 경력 말기는 대부분 50대 중반에서 은퇴시기까지를 말하지만, 평균수명은 증가하는데 반해 인력난은 점차 심해져서 경력 말기가 과연 성인 말기에 해당하는지는 의문시되고 있다.

2) 경력개발단계

경력개발은 경력을 탐색하고, 자신에게 적합한 경력목표를 설정하며, 이에 따른 전략을 수립해서 실행하고, 평가하여 관리하는 단계로 이루어진다. 다만 이러한 단계는 명확하게 구분되는 것은 아니며 중복적으로 이루어질 수도 있다. 또한 실행 및 평가를 통해 수정될 수 있다.

(1) 직무정보 탐색

경력개발은 1차적으로 직무정보 탐색을 통하여 이루어진다. 직무정보 탐색은 내가 관심을 가지고 하려는 직무에 대하여 어떠한 일을 하는지, 필요한 자질은 무엇인지, 보수나 업무조건(환경)은 어떠한지, 고용이나 승진의 전망은 어떤지, 그 직무에 종사하는 사람들의 직무만족도는 어느 정도인지 등 해당 직무와 관련된 모든 정보를 알아내는 단계이다. 기업 현장에서는 경력을 확대하고자 하거나, 신입사원을 대상으로 직무정보 탐색 프로그램을 시행하고 있다.

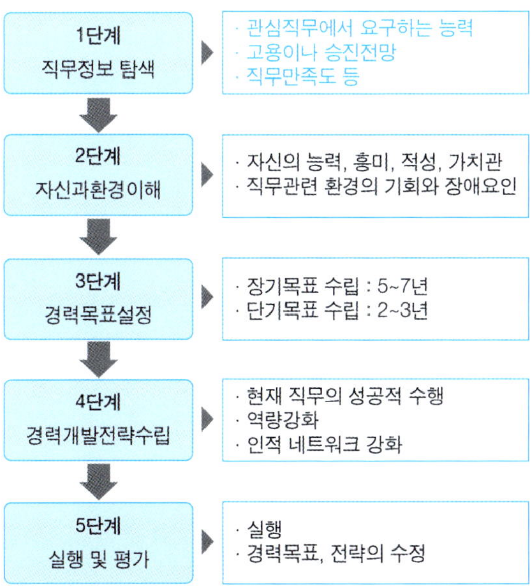

출처: NCS 직업기초능력 자기개발(2014)

(2) 자신과 환경 이해

경력목표를 설정하는 데 도움이 될 수 있도록 자신의 능력, 흥미, 적성, 가치관 등을 파악한다. 직무와 관련된 주변 환경의 기회와 장애요인에 대하여 정확하게 분석한다. 특히, 경력개발은 자신과 환경과의 상호작용을 통해서 이루어지는 것이며, 이는 직무만족, 근속연한, 경력성공에 지대한 영향을 미치므로 환경에 대한 적극적인 탐색은 매우 중요하다. 자기탐색과 환경탐색을 할 수 있는 방법의 예는 다음과 같다.

	탐 색 방 법
자기탐색	• 자기인식 관련 교양수업 및 워크숍 참여 • 교내외의 전문컨설턴트와의 진로상담 및 면담 • 표준화된 검사 진행 • 일기 등을 통한 자기성찰과정
환경탐색	• 회사의 연간 사업보고서 • 특정 직무와 직업에 대한 설명자료 • 공공기관 및 경력 상담 회사 방문 • 주변 지인과의 대화 • 직업관련 홈페이지 탐색 : 각종 기관에서 운영하는 직업정보(Know), 자격정보(Q-net), 취업알선 정보(Work-net), 직업교육훈련정보(HRD-net.), 노동시장 정보(고용보험 DB, 실업자대책 DB)

(3) 경력목표 설정

직무, 지식 및 환경에 대한 정보를 기초로 자신이 하고 싶은 일은 어떤 것인지, 이를 달성하기 위해서는 어떻게 능력이나 자질을 개발해야 하는지에 대하여 단계별 목표를 설정한다. 장기목표는 자신이 어떤 직무, 활동, 보상, 책임 등을 원하는지를 파악하고 자신이 선호하는 작업환경에서 향후 5~7년 정도를 예측하여 목표를 수립한다. 단기목표는 장기목표를 달성하기 위하여 어떤 경험을 축적해야 하는지, 어떤 능력을 개발해야 하는지, 장애요소는 무엇인지를 중심으로 2~3년 사이의 목표를 수립한다.

(4) 경력개발 전략 수립

경력목표를 수립하면 이를 달성하기 위한 활동계획을 수립한다. 경력개발 전략에는 세 가지를 나눌 수 있다.

첫째, 현 직무를 기반으로 성장할 수 있도록 성공적으로 직무를 수행할 필요가 있다. 성공적인 직무의 수행은 승진의 기회를 확대하는 것은 물론 미래의 고용가능성을 높일 수 있다. 우수한 아이디어를 내고 이를 성과로 연계되도록 노력해보자.

둘째, 자신의 역량을 개발하기 위하여 교육프로그램 참가, 워크숍 참가, 대학이나 대학원 등 상급학교 진학, 학습동아리 활동 등을 할 수 있다.

셋째, 자신을 알리고 다른 사람과 상호작용할 수 있는 기회를 늘린다. 상사에게 자신의 능력이나 성취에 대해서 보여줄 필요가 있으며, 자신이 바라는 일을 알릴 필요가 있다. 또한 직장 선후배를 비롯하여 자신의 경력목표와 관련이 되는 인적 네트워크를 구축하여 정보나 지원을 받을 수 있도록 한다.

넷째, 직장에서 업무시간에 경력개발을 한다. 사람들은 경력개발이라고 하면 직장 외 장소에서 새벽시간이나 저녁시간에 하는 것을 떠올리는 경우가 있다. 그러나 기업에는 개인이 외부에서 얻는 것보다 더 풍부한 자원(인적 자원, 물적 자원, 시장전략, 기술력 등)이 많이 있다.

(5) 실행 및 평가

경력개발 전략에 따라 목표달성을 위해 추진한다. 추진 시에는 자신이 수립한 전략이 경력목표를 달성하기에 충분한지를 검토하고, 경력목표 자체가 달성될 가능성이 있는 것인지를 검토한다. 또한 예측하지 못했던 환경이나 가치관의 변화에 의하여 좀 더 구체적인 조작적 목표를 수립하거나 목표 자체가 변화될 수 있다. 따라서 이러한 실행 과정을 통해 도출된 결과를 검토하고 수정한다.

3 일과 생활의 균형

'사람들은 왜 일을 하는 것일까?'라는 질문에 여러분은 바로 답을 할 수 있겠는가? 표면적으로는 생계의 안정을 위해서 일을 한다고 생각될 수 있겠지만, 사람들의 내면에는 일을 통해 삶의 행복과 만족을 누리고자 하는 욕구가 있다. 그러나, 많은 현대인은 성공과 성취를 위해 앞만 보고 달려가는 경우가 많다. 심할 경우 우리는 일에 소진이 되고 성공의 삶을 갖기도 전에 몸의 건강과 주위의 인간관계를 잃게 되기도 한다.

이처럼 사람은 일을 하며 보내는 시간에 많은 시간을 보내야 하지만, 그렇다고 일만 하면서 살 수는 없다. 일과 일 이외의 영역(가족, 여가, 자기개발 및 교육, 인간관계 등)을 조화롭게 이루는 것이 필요하고 이것이 삶을 구성하는 두 가지 축이라고 할 수 있다. 이 두 축의 균형을 일과 생활의 균형(work-life balance)이라고 한다. 여기서 말하는 균형은 개인이 느끼는 신체적 · 정신적 안정을 비롯한 심리적 균형 상태를 의미한다.

최근에는 'Well-Being'이라는 트렌드와도 맞물리면서 개인적인 삶과 직업에서의 조화로운 삶이 점차 확대되고 있다. 물론, 구직자 입장에서 취업이라는 관문의 어려움도 큰데, 이러한 자기실현의 삶을 만들어 가는 것이 결코 쉬운 일은 아닐 것이다. 그러나, 자신의 삶의 행복을 위해서는 스스로가 적극적으로 일과 생활의 균형을 가지려는 노력을 해야 한다.

전 생애적 관점으로 진로개발을 바로 보는 안목을 갖고, 직업과 가족, 여가활동의 균형을 갖도록 노력하자. 자신의 생애역할과 생애책임을 정리해 봄으로써 현재와 미래의 다양한 역할과 그 역할 책임을 통해 직업과 가족과 여가활동 등을 어떻게 전체적인 균형을 이뤄야 할지 알아보도록 한다.

1) WLB(일과 생활의 균형)의 개념

우리는 살아가면서 다양한 삶의 조건들과 마주치고 있다. 일, 가족, 건강, 여가생활, 성장 및 자기개발, 인간관계, 재정 등 어느 것 하나 중요하지 않을 수 없다. 그래서 대부분 사람은 이 중심 요소들에 대해 시간적 · 심리적 관심과 열정을 쏟고, 신체적 에너지를 적절히 분배할 수 있기를 기대한다. 그러면 삶에 대한 균형을 확보하고, 또 만족스러운 삶을 영위할 수 있는 것이라고 생각한다.

이를 위해 반드시 필요한 것이 바로 '일과 생활의 균형(Work-Life Balance)'이다. 우리는 '일과 생활의 균형(Work-Life Balance)'을 통해 일과 가족, 여가 및 건강, 성장 및 자기개발 등과 같은 일 이외의 영역에 시간적 · 심리적 · 신체적 에너지를 적절히 분배할 수 있다. 이로써 개인의 삶을 스스로 통제 · 조절할 수 있으며, 삶에 대한 만족도를 높일 수 있다. 일과 일 이외의 영역(가족, 여가, 자기개발 및 교육, 커뮤니티 활동, 인간관계)은 삶을 구성하는 두 가지 큰 축이다. 이 두 축의 균형을 일과 생활의 균형(work-life balance)이라고 한다. 여기서 말하는 균형은 개인이 느끼는 신체적 · 정신적 안정을 비롯한 심리적 균형 상태를 의미한다.

그러나 조직학 연구에서 논의되는 '일과 생활의 균형'은 그 의미가 조금 다르다. 조직에서 구성원들에게 일과 생활을 조화롭고 균형 있게 만들어 준다면, 구성원들은 개인적인 삶을 누릴 수 있다는 것에서 큰 만족을 느낄 수 있다는 것이다. 이는 결국 생산성 향상에 직접적인 영향을 미친다는 뜻이다. 조직에서는 구성원들의 심리적 균형을 배려하는 것이 무엇보다 중요하다. 임금, 승진과 같은 외적 보상만으로는 결코 조직 구성원들의 마음을 움직일 수 없다. 이러한 외적 보상을 기초로, 구성원들 스스로 즐거움과 행복, 재미를 추구하는 내적 보상이 조화를 이룰 수 있도록 조직 환경을 전면 개편해야 한다. 이처럼 일과 생활이 조화와 균형을 이룰 때, 근로자들은 비로소 삶의 질이 높아졌다고 인식할 수 있다.

이와 같이 일과 생활의 균형을 통해 조직 구성원의 불필요한 에너지 낭비를 막을 수 있다. 또한 구성원들은 자연스럽게 업무에 몰입하게 되며, 이는 곧 조직 유효성을 높일 수 있는 효과적인 수단으로 작용한다. 특히, 2003년 영국 노동기구(The work foundation)의 조사결과를 보면, 일과 생활의 균형을 통해 유능한 조직구성원들의 이직을 방지할 수 있다는 것을 알 수 있다.

뿐만 아니라 2005년 미국의 National Study of Employee에서는, 일과 생활의 균형을 통해 구성원들의 업무 몰입도가 더욱 상승했고, 직무 만족도 또한 증가했음을 확인할 수 있다. 이처럼 일과 생활의 균형은 조직 몰입도 상승, 조직 만족도 상승, 소속감 상승에 긍정적 영향을 미치고 있다. 이로 인해 직무 스트레스는 물론 이직에 대한 부정적인 사고를 미연에 방지할 수 있다.

일과 생활의 균형이 근로자의 삶을 향상시키면서 조직의 생산성까지 높일 수 있는 전략이라는 측면에서 볼 때, 이는 시사하는 바가 크다. 많은 사람은 근로자의 삶을 향상함으로 해서 조직의 생산성을 높일 수 있을지에 대한 의구심을 갖는다. 하지만 이는 일과 생활의 유기적 연계성과 심리적 메커니즘에 관한 다양한 이론을 통해 확인할 수 있으며, 이미 많은 연구결과를 통해 이 사실이 입증되고 있음은 부인할 수 없다.

일과 생활의 영역은 완전히 독립적이지 않다는 게 전이이론의 특징이다. 이 두 영역은 서로 독립적인 성향이 있으면서도, 어느 순간 밀접한 관계를 맺을 수밖에 없는 유기적인 성향을 갖고 있다. 따라서 일과 일 이외의 영역에서 부정적인 요소 및 방해 요소를 최소화하는 것이 무엇보다 중요하며 긍정적인 요소를 최대화할 때 비로소 일과 생활의 균형을 이룰 수 있다.

전이는 심리적 · 육체적 피로의 전이와 걱정과 같은 정서적 긴장, 부정적 정서 경험의 두 가지 유형으로 구분할 수 있다. 이를테면, 직장에서 하루 종일 지치고 너무 힘들었다면 집에 가서 짜증이 날 수밖에 없다. 그래서 꼼짝도 하기 싫은데, 주말이면 집안행사나 여가활동 등으로 다시 바빠진다. 그렇게 시간을 보낸 후 다시 출근하면 오전 내내 조는 경우가 발생한다.

반대의 경우도 있다. 회사 일에 대한 걱정 때문에 잠을 못 이루거나 꿈속에서조차 그 일 때문에 걱정하는 경우, 미래에 대한 불안감이나 아이 문제로 인해 일에 집중하기 힘든 경우도 있다. 이처럼 우리는 살아가면서 수없이 다양한 전이 현상과 마주치게 된다.

2) 생애역할과 역할 책임의 중요성

사람들은 자신의 삶에서 맡게 되는 생애역할을 통해 흥미와 기술 및 가치들을 형성하게 된다. 이러한 역할은 생애 전반에 걸쳐 자신의 중요도에 따라 변하게 되며 역할들 간에는 필연적인 상호작용이 일어나 서로 간에 긴밀한 영향을 미치게 된다. 자신의 다양한 생애 역할들에서의 핵심 역할 책임을 파악하여 중요한 역할 간의 균형과 조화를 이루어 삶의 만족감을 높이도록 하자.

(1) 8가지 생애역할에 대해 이해하기

① 자식(아들/딸) : 부모들과 관련되어 사용하는 시간과 에너지

② 학생/학습자 : 학습과 기술 습득을 위해 사용하는 시간과 에너지

③ 근로자 : 유급고용과 근로를 위해 사용하는 시간과 에너지

④ 배우자 : 배우자와의 관계를 신장시키고 유지하기 위해 사용하는 시간과 에너지

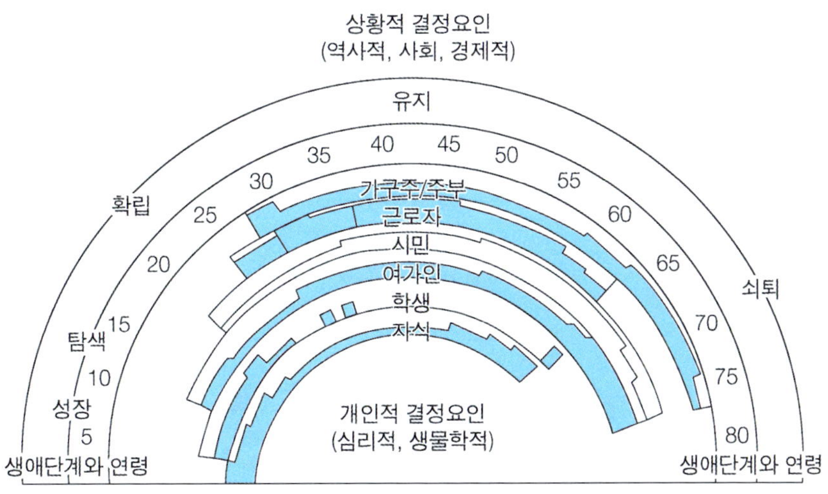

출처: 김웅태(2016). 역량중심의 진로개발

그림 12-2 커리어 무지개

⑤ 가구주/주부 : 음식 준비, 청소, 그리고 우리가 사는 장소를 유지하는 것과 관련된 모든 활동을 위해 사용하는 시간과 에너지

⑥ 부모 : 자식들을 양육하기 위해 사용하는 시간과 에너지

⑦ 여가인 : 독서, 스포츠 활동, 영화감상 등과 같이 삶의 에너지 재충전을 위해 사용하는 시간과 에너지

⑧ 시민 : 지역사회에서 자원봉사 활동을 위해 사용하는 시간과 에너지

3) 스트레스 관리

스트레스는 라틴어인 'Stringere'에서 유래한 말로 '팽팽하게 조이다'의 의미를 가지고 있다. 최근 현대인들에게 스트레스는 '만병의 근원'이라고 불리며 중요한 화두가 되고 있기에 건강하고 행복한 삶을 유지하기 위해서는 평소 관리하는 습관이 필요하다. 특히, 직무스트레스는 개인적 차원이 아니라 기업의 성과나 조직문화에 여러 측면에서 손실을 주게 된다. 직장생활을 하면서 스트레스를 받지 않는다는 것은 불가능하지만 그러한 상황 속에서도 자신만의 스트레스 해소 방법들을 갖고 적절하게 해소하며 관리하는 것이 필요하다.

4 적용 및 실제

1) 생애역할에 대해 생각해 보기

자신을 둘러싸고 있는 관계 속에서 자신의 역할을 탐색하고 일생 동안 부여되는 다양한 역할을 생각해 보자.

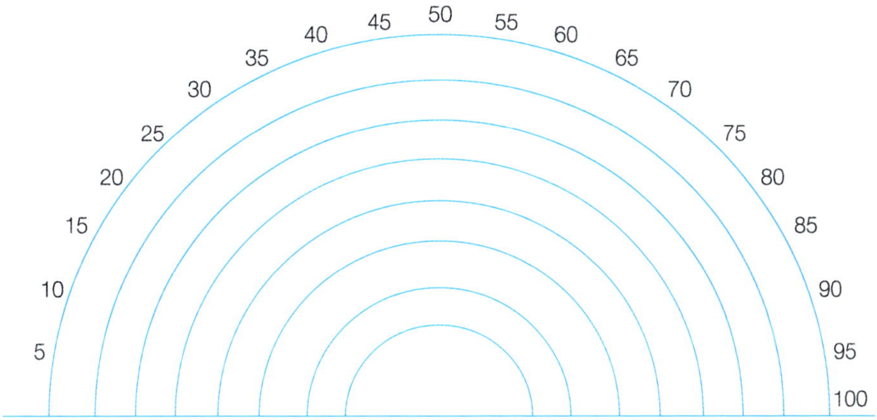

작성한 자신의 생애무지개를 통해 일생 동안 수행하게 될 여러 가지 역할들의 중요도를 알 수 있다. 아래의 질문에 대한 자신의 생각들을 작성해 보자.

현재 나에게 가장 중요한 역할과 이유를 작성하기	
나에게 가장 어려운 역할과 이유를 작성하기	
현재와 10년 후의 역할의 중요도가 가장 크게 차이가 나는 것은 무엇이고 그 이유를 작성하기	
역할책임을 통해 알게 된 점, 느낀 점, 개선해야 할 점은 무엇인가요?	

2) 스트레스 극복 방안 찾기

(1) 자신이 최근에 가장 많이 스트레스를 받는 상황에 대해 작성하기

(2) 과거의 스트레스 상황에서 어떻게 극복했는지에 대한 사례들을 작성하기

(3) 그 외의 더 효과적일 것 같은 스트레스 극복방법도 생각해 보기

제 13 장 경력개발능력의 실제

앞장에서 경력개발과 관리의 중요성에 대해서 알아보았다. 경력개발은 조직에 속한 사람만이 하는 것이 아니라, 학생의 신분으로도 자신의 목표를 정하고 이를 실천할 수 있는 방안들을 찾아 나아가야 할 것이다. 조직에 속한 이후에 경력관리에 실패하기 쉬운 유형은 첫 직장부터 적성에 맞지 않는 곳에 입사하거나 회사의 외형적 조건(임금, 인지도, 근무시설, 위치)만 보고 선택하거나, 변화에 둔감하고 자기개발에 무심한 사람들일 것이다.

이와 반대로 성공적인 경력관리를 하는 사람들은 한 가지 이상의 직장 모임, 동문 모임 등에 정기적으로 참석하며, 새로운 기회에 도전할 준비가 되어 있는 유형들일 것이다. 그러므로, 꾸준한 인맥관리를 통해 경력개발과 관련된 중요한 이슈들을 미리 알고 이에 대비하면서 경력관리를 하는 것은 현대인의 중요한 능력이 될 것이다.

1 경력개발 최신 이슈 알아보기

사회의 변화와 요구되는 인재상의 변화에 따라 취업시장의 운영방식도 다양하게 변화하였다. 과거에는 고등학교를 졸업하고 단 한 번의 학력고사를 통해 대학을 가던 방식이 바뀌어 이제는 내신, 수능, 논술, 사회봉사 등 다양한 평가를 통해 고교생활의 질 및 대학에서의 적응 가능성을 평가하여 대학에 진학하듯이, 기업에서도 대학생들의 다양한 면모와 직장에서의 적응 가능성을 다차원적으로 평가한다.

최근 청년실업의 증가와 함께 직업을 가지고 있어도 고용이 불안정하여 평생에 걸쳐 경력개발을 하지 않으면 안 되는 시대가 되었다. 이와 관련하여 최근 경력개발과 관련된 이슈를 알아보고 자신의 경력계획을 점검하여 보자.

1) 평생학습사회

지식과 정보의 폭발적인 증가로 새로운 기술개발에 따라 직업에서 요구되는 능력도 변화하고 있으며, 지속적인 능력개발이 필요한 시대가 되었다. 평생직장이라는 말은 사라진 지 오래이며, 평생 동안 여러 개의 직업 경력을 가지는 사람도 증가하고 있다.

따라서 개인 각자가 자아실현, 생활 향상 또는 직업적 지식, 기술의 획득 등을 목적으로 생애에 걸쳐서 자주적, 주체적으로 학습을 계속할 수 있는 평생학습사회가 도래하였으며, 평생학습사회에서는 개인이 현재 가지고 있는 능력보다 개인의 학습하는 능력과 이에 대한 자기개발 노력이 더욱 중요시되고 있다.

2) 청년실업

'삼포세대'. 연애, 결혼, 출산을 포기하고 살아가고 있는 20~30대들을 일컫는 신조어다. 청년실업이 갈수록 심각해지면서, 지금을 살아가고 있는 청년들은 삼포뿐만 아니라, 친구와 집까지 포기하는 '오포세대'가 되고 있다. 2015년 5월 통계청이 발표한 인구동향에 따르면, 결혼과 출산이 역대 최저치로 출산은 6개월째 결혼은 3개월째 마이너스를 기록하고 있다고 한다. 외환위기 이후 우리나라 노동시장에서 청년실업은 현재까지도 갈수록 심각해지면서, 실업률 수치가 떨어질 줄 모르고 가파르게 고공행진하고 있다. 청년 노동시장은 경기 변동에 매우 민감하다. 경기 침체 시 대부분의 기업은 우선적으로 신규채용을 억제하기 때문이다.

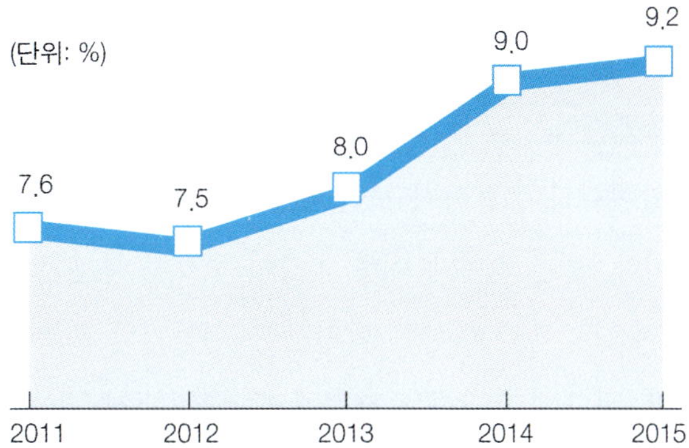

자료: 통계청

그림 13-1 15~29세 실업률 추이(2015)

3) 창업경력

경제적 불황으로 인한 취업난으로 인해 많은 청년층들은 취업 외의 창업에도 도전을 하고 있다. 가히 지금은 세계적으로 창업이 증가하고 있는 추세이다. 특히 최근에는 SNS 등 인터넷의 확산으로 사업공간이나 시간적 제약 없이 좋은 아이디어를 갖고 손쉽게 청년 창업 대열에 들어서고 있는 실정이다. 근래에는 여성들의 창업도 눈에 띄게 증가하고 있는 추세로, 창업을 시작하는 대다수의 사람이 자신의 사업을 성공적으로 경영하고 싶은 소망을 갖고 시작하게 된다.

창업이 직장생활에 비해 자유롭게 시간관리를 하고 주도적으로 이끌어 간다는 매력적인 부분도 크지만, 창업에 성공하기 위해서는 자신의 흥미, 재능, 가치, 라이프 스타일 등을 철저히 이해하고 업무환경에 대한 충분한 정보를 얻은 후에 구체적인 목표와 전략을 수립하여 실행해야 성공적인 창업으로 이어지게 될 것이다.

2 미래상을 반영한 진로계획 수립

당신은 '어떤 삶(또는 직업)을 원하는가?'라는 물음에 구체적으로 이야기를 하기는 누구에게나 쉽지 않은 질문이다. 설령 어렵게 그에 대한 답변을 하더라도 '왜 그것을 원하는가?'라는 추가 질문에 답변하기는 더욱더 어렵다. 그러나 내가 원하는 삶(또는 직업)에 대한 이 집요한 질문은 내 삶에 대한 동기 및 포부가 무엇인지를 생각해 볼 수 있는 기회를 제공한다.

기업이 채용에 있어서도 중요하게 보는 부분은 회사에 대한 지원동기와 입사 후 포부에 대한 구체성이다. 물론 직무에 대한 역량이 중요한 부분이기에 직무에 대한 지식, 기술, 태도가 기본적으로 평가 대상이 되지만, 지원동기와 포부는 자신이 바라는 목표를 명확하게 만들고, 목표에 도달하는 과정에 발생할 수 있는 많은 어려움과 돌발 상황을 극복할 수 있는 지혜와 끈기를 발휘하게 한다.

결과적으로 동기와 포부가 명확한 지원자가 회사에 입사 후 좋은 성과를 이루고, 조직에 높은 기여를 하게 되는 것이다. 비단 기업의 입장에서뿐만 아니라 한 개인의 삶에서, '내가 진정으로 원하는 삶'이라는 성과를 위해 자신의 삶에 대한 동기와 포부를 점검해 보는 것은 중요한 과제이다.

1) 미래일기 작성방법

원하는 직업을 갖기 위해서는 현재의 자신이 갖추고 있는 현실적인 능력을 객관적으로 파악하되 자신의 가치와 욕구를 잘 반영하여 최적의 직업을 찾아야 한다. 그것은 자신이 가장 하고 싶은 일이면서도 동시에 잘할 수 있다고 생각이 드는 직업이어야 한다. 이때 중요한 것은 부모나 주변 지인들의 의견을 참고하되 자신의 원하는 미래상과 연결하여 직업을 찾아가는 것이다.

이제 앞에서 활동하였던 자신의 특성과 가치를 바탕으로 10년 후의 미래의 자신의 모습을 떠올려 볼 것이다. 이를 통해 자신이 진정으로 열망하는 진로목표를 설정하기 위해 무엇을 해야 할지를 생생하게 그려볼 수 있기를 바란다.

미래일기, 어떻게 써야 할까?

- 구체적인 목표를 정하자. 마치, 영화 대본처럼 써 보자.
- 과거형으로 꿈이 이루어진 순간의 감정으로 쓰자.
- 소망을 품게 된 배경을 써보자.
- 믿고 실천하고, 자주 쓰고 자주 읽자!
- 응원문구 : 소망을 이루는 데 필요한 책, 문구, 자료 등을 적는다.

출처: 조혜련(2010). 미래일기 중에서

2) 꿈을 위한 목표관리

되고 싶은 것	하고 싶은 것
갖고 싶은 것	**가고 싶은 곳**

TIP SMART한 목표 작성

Specific	Measurable	Action-oriented	Realistic	Timely
구체적으로 명료하게	측정 가능	행동 지향적으로	현실적인	목표완수 기한

3 적용과 실제

1) 최근 경력개발 이슈

※ 최근에 경력개발에 대해 알고 있는 이슈에 대해 적어보고 토론하기

※ 토론 후에 알게 된 새롭게 알게 된 점이나 느낀 점 정리하기

2) 10년 후의 어느 날 작성

※ 10년 후의 어느 날 작성해 보기

상상해 보기

"이제 나는 잠시 현재를 떠나 10년 후의 미래의 나를 잠시 만나볼 것이다. 그 날은 당신이 직업과 관련하여 늘 꿈꾸어 오던 것들이 이루어지고 이상적인 직업생활을 하고 있는 '어느 날'이라고 가정하고 생생하게 그려보자. 직업이나 기타의 여가, 학습, 다양한 역할 등을 포함하여 자유롭게 상상의 날개를 펴서 시간여행을 시작하여 보자."

- 10년 뒤, 졸업을 한 당신의 가장 이상적인 어느 날의 하루는 어떤 모습일까? 눈을 감고 5분 정도 10년 뒤 어느 하루를 상상해 보자.

"아침 햇살에 눈을 뜬 당신은 무엇을 가장 먼저 하고 있는가? 그날 하루의 중요한 일과는 어디에서 시작하는가? 어떠한 일을 하고 있는가? 내가 일을 하고 있는 공간은 어떻게 돼 있으며, 나의 역할은 무엇인가? 일과 관련해 누구를 만나 어떤 대화를 나누고 있는가?"

- 자신이 상상한 미래의 어느 날의 일과는 당신이 꿈꾸는 10년 뒤의 '목표'가 될 수 있다. 그 목표에 대한 내용을 다음의 표에 작성해 보자.
  1) 목표: 어떠한 상황, 조건, 여건 등에 있다.
  2) 활동: 어떤 과제, 역할, 행위 등을 어느 정도(수준, 난이도) 할 수 있다.

출처: 김웅태(2014). 역량중심의 진로개발

10년 후 미래의 자신이 어디서 무엇을 하고 있는 모습인지를 자유롭게 작성한다.

참고문헌

경상남도교육청(2011). 자기주도학습지도사 연수.

교육인적자원부(2007). 학교학습상담 매뉴얼.

권석만(2004). **인간관계의 심리학**, 학지사.

______(2008). **긍정심리학**. 학지사.

권창미, 송창백(2016) **대학생활과 진로탐색**. 학지사.

김가영(2001). "**공무원 후생복지의 여건분석 및 추진전략**", 계간 인사행정, 제9호(겨울).

김광수, 신명숙, 이숙영, 임왁미, 한동승(2003). **대학생과 리더십**. 학지사.

김영빈, 선혜연, 황매향(2016). **직업・진로설계**. 한국방송통신대학출판문화원.

김웅태(2016). **역량중심의 진로개발**. ㈜씨비에스컨설팅.

김정운(2005). **여가경영학**, 명지출판사.

______, 박정열(2004). 주40시간 근무제 실행 후 노동자의 생활양식 변화와 학습에 대한 태도변화 연구, 대통령자문 정책기획위원회.

______, 박정열, 손영미(2005). 주 40시간 근무제 발전적 정착을 위한 신기업문화 조성전략 컨설팅, 휴먼경영연구원 보고서.

김종관, 이윤경(2009). "업무구조, 조직문화, WLB제도가 조직유효성에 미치는 영향 - 일과 생활의 균형의 매개효과를 중심으로", 『인적자원관리연구』 제16권 제4호, 한국인적자원관리학회.

김혜영, 이동귀(2009). **직장인의 자기계발 동기와 심리적 안녕감의 관계**. 한국심리학회.

김홍자(2009). **테마로 배우는 대학학습전략**. 한양대학교 출판부.

마틴 셀리그만 지음, 김인자, 우문식(역) (2014). **긍정심리학**. 물푸레.

벤자민 프랭클린 지음. 조민호 옮김(2006). **가난한 리처드의 달력**. 휴먼하우스.

박용철(2014). **감정은 습관이다**. 추수밭.

박주희(2003). **가족과 일**. 하우.

사사키 겐지(2006). **미루기병 고치기**. 그리고 책.

서울특별시교육청(2014). 즐거운 공부, 행복한 나!.

손영숙 옮김(2009). **뇌, 1.4킬로그램의 배움터**. 해나무출판사.

송인섭(2006). **현장적용을 위한 자기주도학습**. 학지사.

스티브 코비 저, 김경섭 역(2003). **성공하는 사람들의 7가지 습관**. 김영사.

우문식(2014). **행복** 4,0. 물푸레.

______, 최소영 옮김(2015).**내안의 긍정을 춤추게 하라**. 물푸레.

______, 김인자 옮김(2009), **긍정심리학**. 물푸레.

유성경(2013). **긍정정서와 삶에 대한 만족 관계에서 긍정사고, 의미발견 및 의미추구의 매개효과 검증: 대학생을 중심으로**. 이화여자대학교.

유성은(2007). **시간관리와 자아실현**. 중앙경제 평론사.

이성진, 박성수(2012). **교육심리학**. 방송통신대학교.

이윤석(2009). **최강의 보고법**. 새로운 제안.

이인호. 탁진국(2010). **자기계발동기가 학생행동과 직무열의에 미치는 영향**. 한국심리학회.

이주희, 박순희(2007). **대학생의 시간관리에 관한 연구**. 청소년학연구, 15(2).

이진남(2016). **긍정심리학의 행복 개념에 대한 비판적 고찰**. 강원대 철학논집, 제44집.

이해선,김은미(2014). **인성과 자기개발**. 정민사.

이형국, 권오관(2012). **대학생을 위한 진로설계와 취업전략**. 한올출판사.

전국학부모지원센터(2013), **자기주도학습코칭 워크북**.

정석용, 이규은(2014). **자기계발과 직업**. 동문사.

정철상(2013). **청춘의 진로나침판**. 매일경제신문사.

조성연, 문미란, 송선희(2012). **진로 솔루션 워크북**. 학지사.

중앙인사위원회(2005). **공무원인사개혁백서**.

최염순(2004). **카네기인간관계론**. 씨앗을 뿌리는 사람들.

최태정, 백인흠, 원효헌, 박종운(2015). **해기사의 자기효능감이 직무만족과 자기개발에 미치는 영향**. 한국수산해양교육학회.

칙센트미하이, 최인수 옮김(2009). **몰입**. 한울림.

칼빈 S. 홀 / 버논 J 노드비 지음. 김형섭 역(2008). **융 심리학입문**. 문예출판사.

피터드러커(2002). **21세기 지식경영**. 한국경제신문사.

학습전략과 진로 탐색(2007). 대구 카톨릭 대학교 교수학습개발센터.

한국교육개발원(2010). **내 공부의 네비게이션! 자기주도학습**.

한국보건사회연구원(2001). 2001년도 공무원의 삶의 질에 관한 연구.

한국산업경영연구원(2001). 자기개발 및 행동혁신.

한국생산성본부(역)(1994). 20대의 자기개발.

한국여성개발원(2004). 균형인사로드맵의 구체화 및 실효성 확보를 위한 실태 조사 분석.

한규석(2002). **사회심리학의 이해**. 학지사.

한양대학교 안산캠퍼스 한양상담센터(2008). '미루기병 고치기'상담 자료.

홍순정, 이규미(2009). **정신 건강**. 한국방송통신대학교.

홍정기(2009). **현대인의 자기관리**. 아담북스.

ECTL 학습자가이드북. 이화여자대학교 교수학습센터.

국가직무능력표준 홈페이지 : http://www.ncs.go.kr

커리어넷 : http://www.career.go.kr

워크넷 : http://www.work.go.k

한국MBTI연구소 : http://www.mbti.co.kr

블로그 : careernlife tistory.com

Adams, G. A., King, L. A., & King, D. W. (1996). Relationships of job and family involvement, family social support, and work-family conflict with job and life satisfaction. *Journal of Applied Psychology*, 81.

Bloom, N., Kretschmer, T., Van Reenen, J., (2006). *Work-life balance, management practices and productivity*.

Covey, S.(1989). *The seven habits of highly effective people.* NY: Simon & Schuster.

Donald R. Woods(2003). *Fundamentals of chemical Engineering Education.* Chem. Eng. Ed. Spring.

Dubin, R.(1956). Industrial Workers World: A Study of the Central Life Interests of Industrial Workers. *Social Problems*, 3(3).

Neck, C. P., Stewart, G. W., & Manz, C. C. (1995). Thought self-leadership as a framework for enhancing the performance of performance appraises. *Journal of Applied Behavioral Science,* 31(3).

Newstrom, J. W., & Davis, K. (2006). *Organizational Behavior: Human Behavior at Work.* McGraw Hill Higher Education(12th ed.).

Houghton, J. D., & Neck, C. P. (2002), The Revised Self-leadership Questionnaire: Testing a Hierarchical Factor Structured for Self-leadership. *Journal of Managerial Psychology*, 17(8).

Rapoport, R. & Rapoport ,R. R. (1975). *Leisure and the Family Life Cycle.* Routledge.

Frone, M. R., Yardley, J. K., & Markel, K. S. (1997). Developing and testing the integrative model of the work-family interface. *Journal of Vocational Behavior*, 50.

Guelzow, M. G., Bird, G. W., & Koball, E. H. (1991). An exploratory path analysis of the stress process for dual-career men and women. *Journal of Marriage and the Family*, 53.

Guest, D. E. (2001). Perspectives on the study of work-life balance. *A discussion paper prepared for the 2001 ENOP Symposium*, Paris, March.

Kossek, E., Colquitt, J., & Noe, R. (2001). Caregaiving dicisions, well-being, and performance: The effects of place and provider as a function of dependent type and work-family climates. *Academy of Management Journal*, 44.

Manz, C., & Sims, H. P. (1989). Superleadership: Beyond the myth of heroic leadership. *Organizational Dynamics,* 19.

Manz, C. (1986). Self-leadership Toward an expanded theory of self-influence processes in organinizations. *Academy of Management Review*, 40.

Manz, C. (1992). *Mastering self-leadership: empowering yourself for personal excellence.* Englewood Cliffs, N.J.: Prentice-Hall.

Mischel, W. Shoda, Y., & Smith, R. E. (2006). **성격심리학**, 손정락 역, 시그마프레스.

Pink, D. (2004). The MFA is the new MBA. *Harvard Business Review*, 82.

Roehling, P. V., Roehling, M. V., & Moen, P. (2001). The relationship between work-life policies and practices and employee loyalty: a life course perspective. *Journal of Family and Economic Issues*, 22(2).

Saito Takashi. (2003). *Dandori Ryoku.* Chikuma Shobo, Tokyo.

Thomas, L. T., & Ganster, D. C. (1995). Impact of family-supportive work variables on work-family conflict and strain: A control perspective. *Journal of Applied Psychology*, 80.

찾아보기

인 명

▶▶▶ ㅈ

▶▶▶ A–Z

저자소개

한상희 대림대학교 직업교육센터 직업기초능력 담당교수
CND코칭연구소 대표

허현자 경복대학교 간호학과 겸임교수
(주)국제경영기술연구원 이사

정은희 대림대학교 직업교육센터 직업기초능력 담당교수
한국평생교육HRD학회 편집위원회 부위원장

윤성은 대림대학교 직업교육센터 직업기초능력 담당교수
한국긍정심리연구소 선임연구원

자기개발능력

1판 1쇄 인쇄 2024년 2월 6일
1판 1쇄 발행 2024년 2월 8일

지 은 이 | 한상희 · 허현자 · 정은희 · 윤성은

발 행 인 | 박철용
발 행 처 | 양서원
주 소 | 경기도 파주시 직지길 522 파주출판도시
전 화 | 031-955-8000(代)
팩 스 | 031-955-8005
홈페이지 | www.yswpub.co.kr
이 메 일 | yswgroup@naver.com
출판등록 | 1987년 11월 24일 제 406-2003-037 호

ISBN 978-89-994-1443-5

정가 20,000원